Impressum
Verlag: BABADADA GmbH, Nedderfeld 112 , 22529 Hamburg
Geschäftsführer / Verlagsleitung: Harald Hof
Druck: Books on Demand GmbH, In de Tarpen 42, 22848 Norderstedt

Imprint
Publisher: BABADADA GmbH, Nedderfeld 112 , 22529 Hamburg, Germany
Managing Director / Publishing direction: Harald Hof
Print: Books on Demand GmbH, In de Tarpen 42, 22848 Norderstedt

l'école

صنف درسی
la salle de classe

تقسیم کردن
diviser

186/2

حیاط مکتب
la cour (de récréation)

تخته
le tableau noir

معلم
le professeur

کاغذ
le papier

نوشتن
écrire

خودکار
le stylo

میز کار
le bureau

خط کش
la règle

کتاب
le livre

شاگرد
l'élève

بیگ مکتب
le cartable

قلم دانی
la trousse

پنسل
le crayon

پنسل تراش
le taille-crayon

پنسل پاک
la gomme

کتابچه رسم
le carnet à dessin

نقاشی

le dessin

برس رنگ زنی

le pinceau

بکسک رنگه

la boîte de peinture

قیچی

les ciseaux

سریش

la colle

کتاب تمرین

le cahier d'exercices

کار خانگی

les devoirs

عدد

le chiffre

جمع کردن

additionner

تفریق کردن

soustraire

ضرب کردن

multiplier

حساب کردن

calculer

حرف

la lettre

اﻟﻔﺒﺎ

l'alphabet

کلمه

le mot

متن

le texte

خواندن

lire

تباشیر

la craie

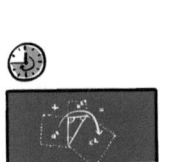

درس

la leçon

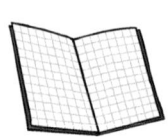

ثبت نام

le livre de classe

امتحان

l'examen

تصدیق‌نامه

le certificat

یونیفورم مکتب

l'uniforme scolaire

تحصیل

la formation

دانشنامه

le lexique

پوهنتون

l'université

مایکروسکوپ

le microscope

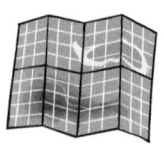

نقشه

la carte

سبد کاغذ باطله

la corbeille à papier

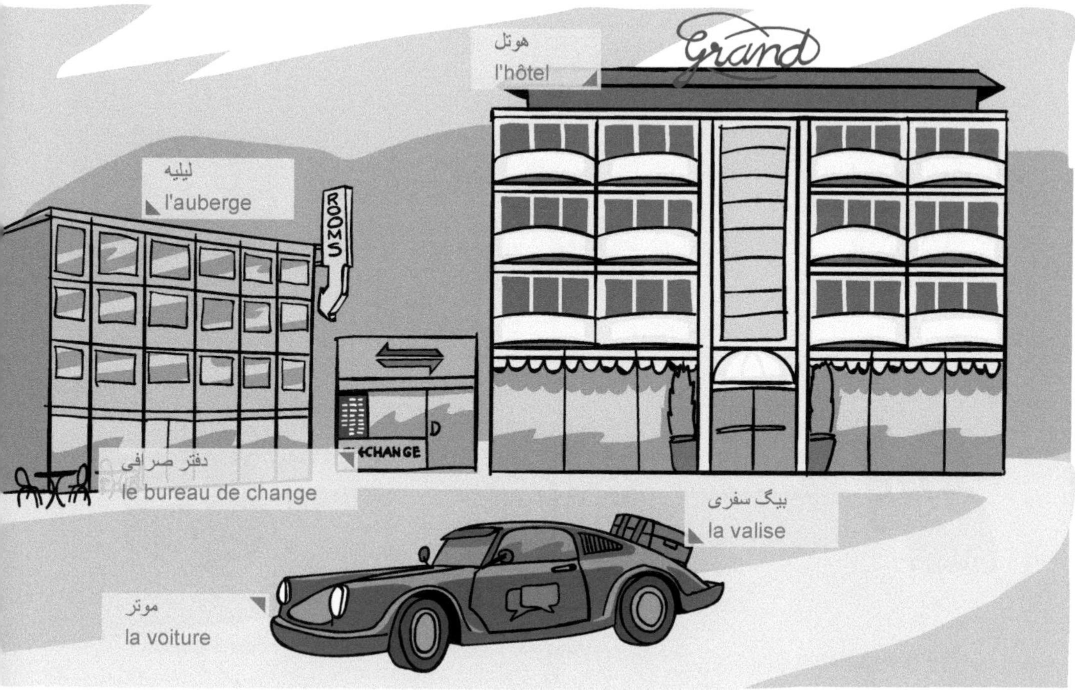
هوتل
l'hôtel
Grand
ليليه
l'auberge
ROOMS
CHANGE
دفتر صرافی
le bureau de change
بیگ سفری
la valise
موتر
la voiture

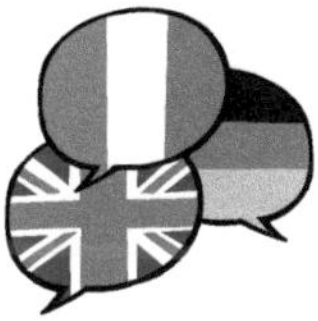

زبان

la langue

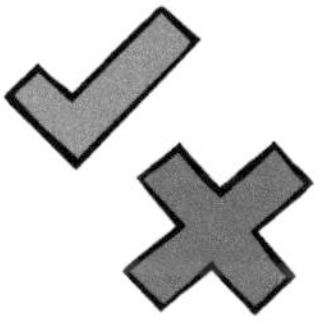

بلی / نخیر

oui / non

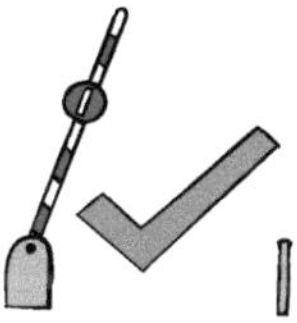

بسیار خوب

d'accord

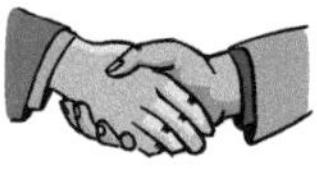

سلام

Salut

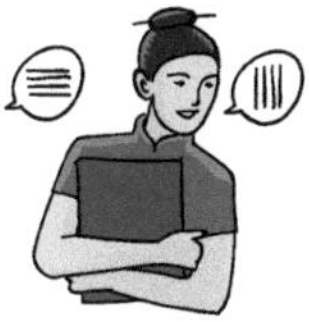

مترجم

l'interprète

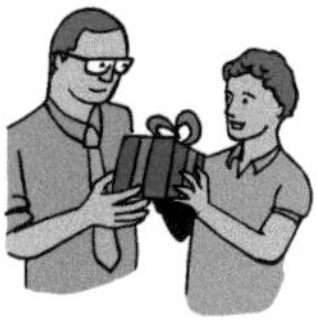

تشکر از شما

merci

قیمتش چقدر است؟

Combien coûte...?

نمی فهمم

Je ne comprends pas

مشکل

le problème

عصر بخیر! / شب بخیر!

Bonsoir !

صبح بخیر!

Bonjour !

شب بخیر!

Bonne nuit !

خداحافظ

Au revoir

مسیر

la direction

بار مسافر

les bagages

بیگ

le sac

بیگ پشتکی

le sac-à-dos

مهمان

l'hôte

اطاق

la pièce

بستره خواب سیار

le sac de couchage

خیمه

la tente

معلومات توریستی

l'office de tourisme

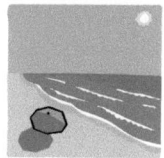

ساحل

la plage

کریدیت کارت

la carte de crédit

صبحانه

le petit-déjeuner

طعام چاشت

le déjeuner

غذای شام

le dîner

تکت

le billet

لفت

l'ascenseur

مهر

le timbre

مرز

la frontière

گمرک

la douane

سفارتخانه

l'ambassade

ویزه

le visa

پاسپورت

le passeport

حمل و نقل

le transport

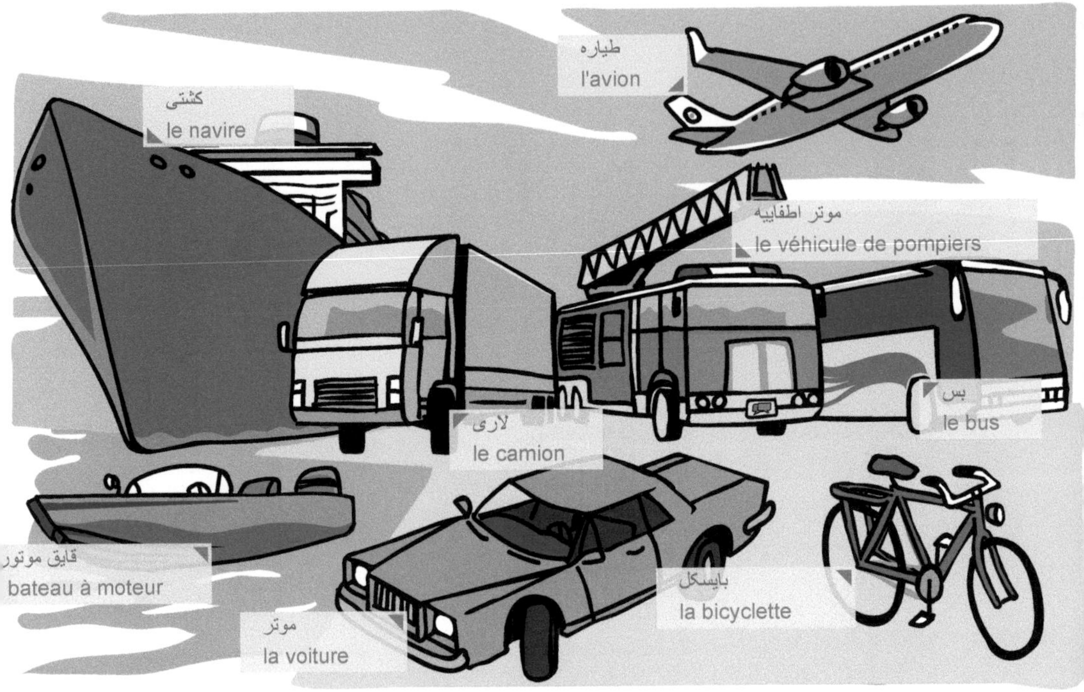
طیاره
l'avion
کشتی
le navire
موتر اطفاییه
le véhicule de pompiers
بس
le bus
لاری
le camion
قایق موتور
bateau à moteur
بایسکل
la bicyclette
موتر
la voiture

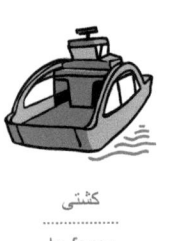

کشتی

le ferry

قایق

la barque

موترسایکل

la moto

موتر پولیس

la voiture de police

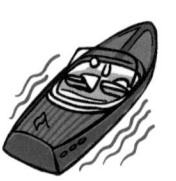

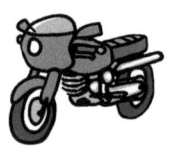

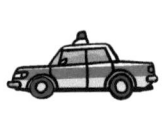

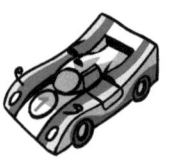

موتر مسابقه

la voiture de course

موتر کرایی

la voiture de location

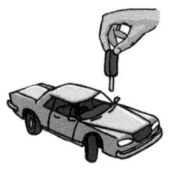

اشتراک وسایط

l'auto-partage

جرثقیل

la voiture de remorquage

موتر حمل زباله

la benne à ordures

موتور

le moteur

تیل

l'essence

تانک تیل

la station d'essence

علامت ترافیکی

le panneau indicateur

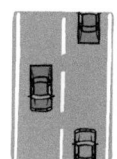

عبور و مرور

le trafic

راهبندان

l'embouteillage

پارک وسایط

le parking

ایستگاه ریل

la gare

خط ریل

les rails

ریل

le train

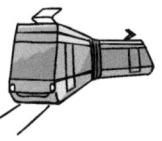

ریل برقی

le tramway

واگن

le wagon

هليكوپتر

l'hélicoptère

ميدان هوايى

l'aéroport

برج

la tour

مسافر

le passager

كانتينر

le conteneur

كارتن

le carton

گادى

le chariot

سبد

la corbeille

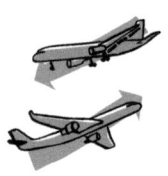

پرواز كردن / فرود آمدن

décoller / atterrir

شهر

la ville

قريه

le village

تياتر شهر

le centre-ville

خانه

la maison

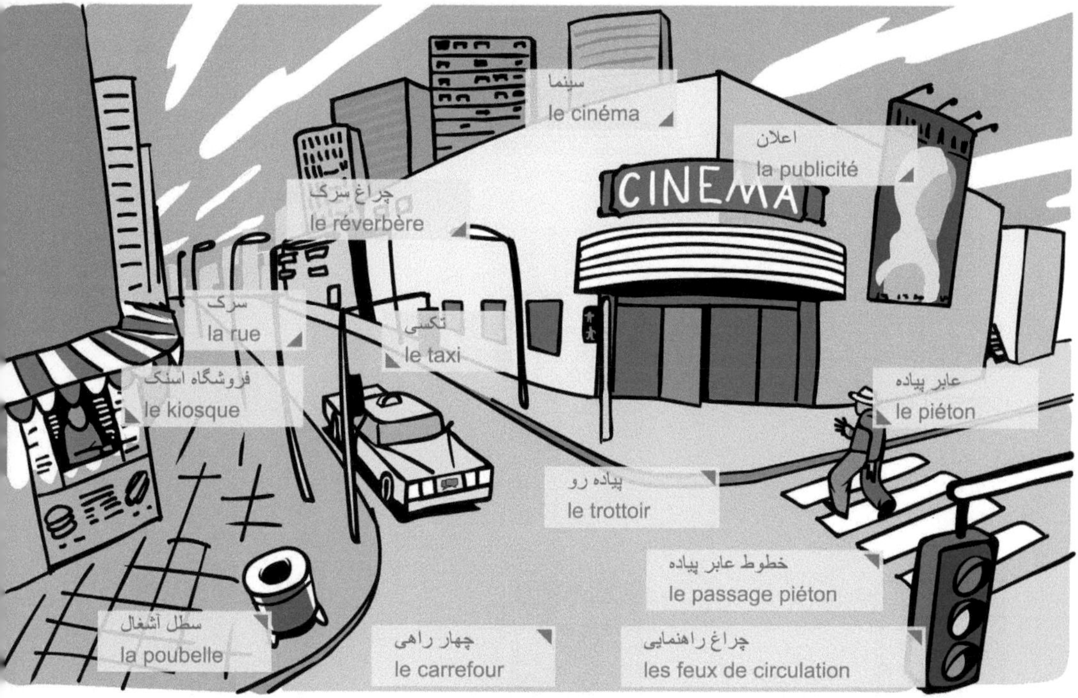
سینما
le cinéma
CINEMA
اعلان
la publicité
چراغ سرک
le réverbère
سرک
la rue
تکسی
le taxi
فروشگاه اسنک
le kiosque
عابر پیاده
le piéton
پیاده رو
le trottoir
خطوط عابر پیاده
le passage piéton
سطل آشغال
la poubelle
چهار راهی
le carrefour
چراغ راهنمایی
les feux de circulation

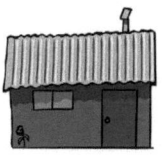

کلبه

la cabane

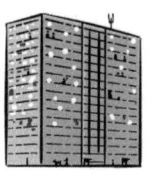

آپارتمان

l'appartement

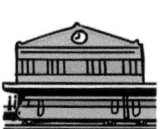

ایستگاه ریل

la gare

تالار شهر

la mairie

MUSEUM

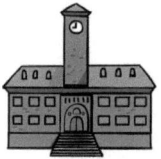

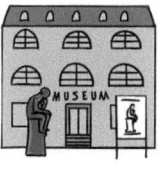

موزیم

le musée

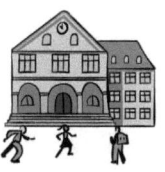

مکتب

l'école

پوهنتون

l'université

بانک

la banque

شفاخانه

l'hôpital

هوتل

l'hôtel

دواخانه

la pharmacie

دفتر

le bureau

کتابفروشی

la librairie

مغازه

le magasin

گل فروشی

le fleuriste

سوپر مارکیت

le supermarché

فروشگاه

le marché

فروشگاه

le grand magasin

ماهی فروشی

la poissonnerie

مرکز خرید

le centre commercial

بندر

le port

پارک

le parc

دراز چوکی

la banque

پل

le pont

زینه ها

les escaliers

مترو

le métro

تونل

le tunnel

ایستگاه بس

l'arrêt de bus

میخانه

le bar

رستورانت

le restaurant

صندوق پست

la boîte à lettres

علامت سرک

le panneau indicateur

ماشین پارکو متر

le parcmètre

باغ وحش

le zoo

حوض آببازی

le réverbère

مسجد

la mosquée

مزرعه

la ferme

آلوده گی

la pollution

قبرستان

la cimetière

کلیسا

l'église

میدان بازی

l'aire de jeux

معبد

le temple

چشم انداز
le paysage

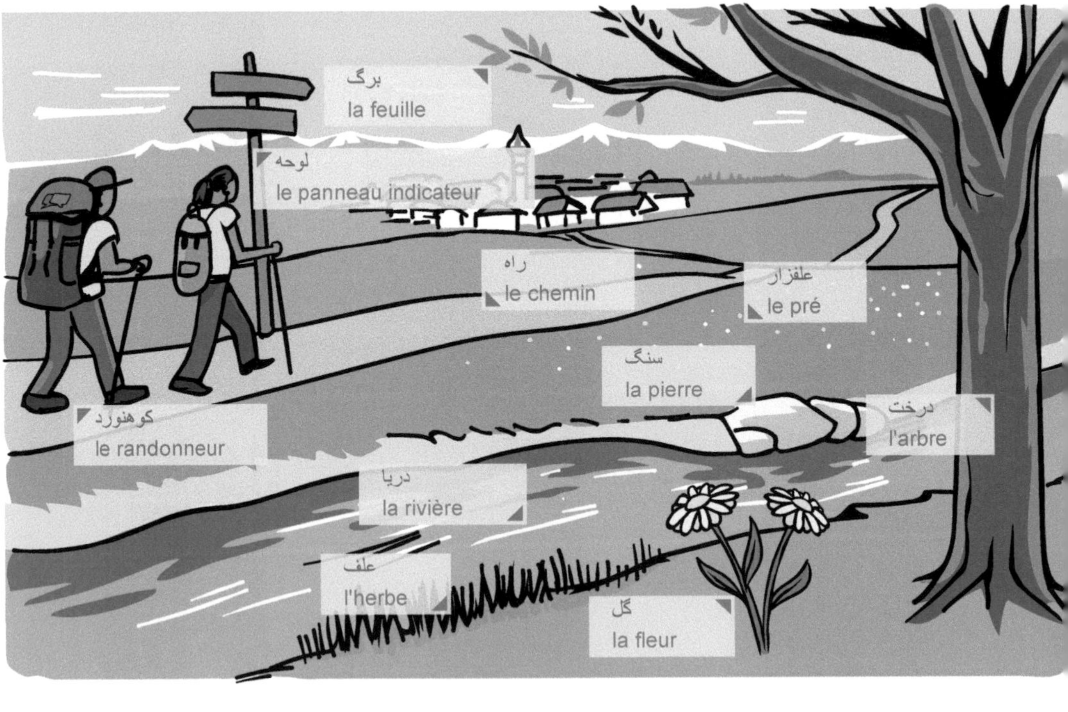

برگ
la feuille

لوحه
le panneau indicateur

راه
le chemin

علفزار
le pré

سنگ
la pierre

درخت
l'arbre

کوهنورد
le randonneur

دریا
la rivière

علف
l'herbe

گل
la fleur

دره
....
la vallée

تپه
....
la montagne

دریاچه
....
le lac

جنگل
....
la forêt

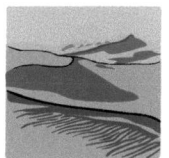

صحرا
....
le désert

آتشفشان
....
le volcan

قلعه
....
le château

رنگین کمان
....
l'arc-en-ciel

سمارق
....
le champignon

درخت آلو
....
le palmier

پشه
....
le moustique

مگس
....
la mouche

مورچه
....
les fourmis

زنبور
....
l'abeille

عنکبوت
....
l'araignée

قلنغوزک

le coléoptère

بقه

la grenouille

موش خرما

l'écureuil

خارپشت

le hérisson

خرگوش صحرایی

le lièvre

بوم

la chouette

پرنده

l'oiseau

مرغابی

le cygne

خوک وحشی

le sanglier

گوزن

le cerf

گوزن شمالی

l'élan

بند آب

le barrage

توربین بادی

l'éolienne

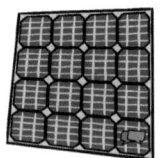

صفحه خورشیدی

le panneau solaire

آب و هوا

le climat

le restaurant

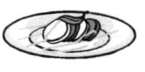

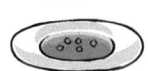

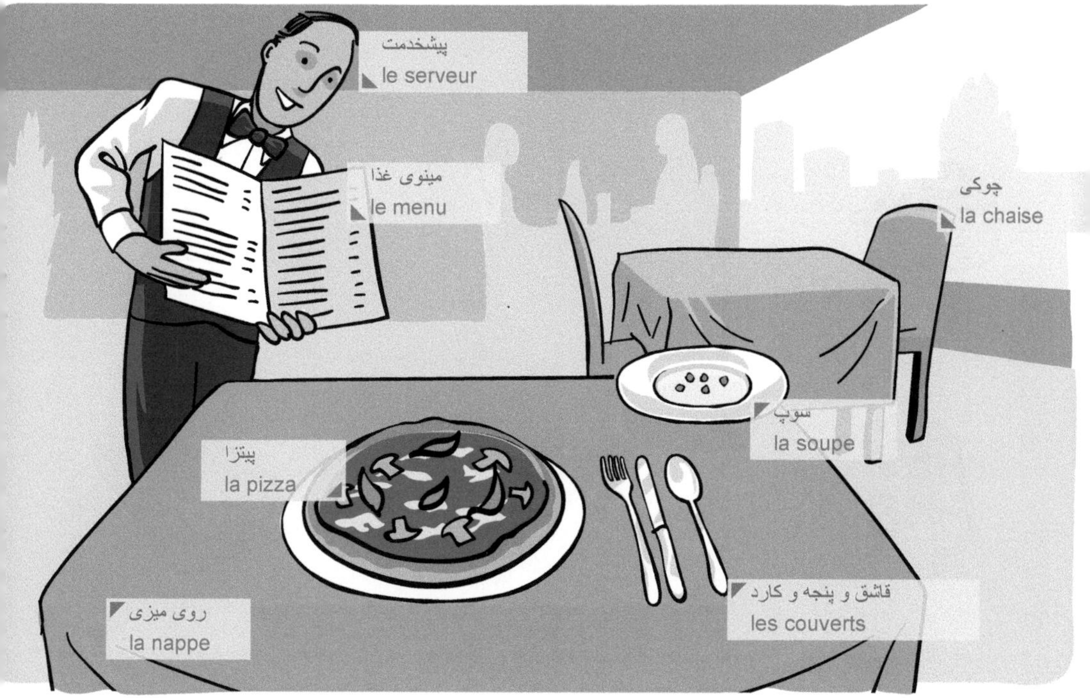
پیشخدمت
le serveur
مینوی غذا
le menu
چوکی
la chaise
سوپ
la soupe
پیتزا
la pizza
قاشق و پنجه و کارد
les couverts
روی میزی
la nappe

پیش غذا

....

les hors d'œuvre

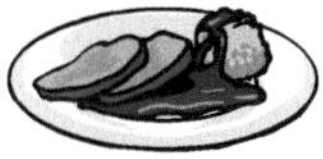

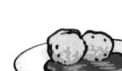

غذای اصلی

....

le plat principal

شرینی

....

le dessert

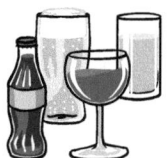

نوشیدنی ها

....

les boissons

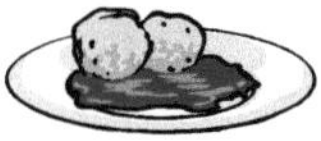

غذا

....

l'alimentation

بوتل

....

la bouteille

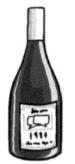

فاست فود

le fast-food

غذای کنار سرک

les plats à emporter

چاینک/ترموز

la théière

قندانی

le sucrier

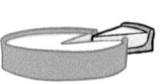

بخش غذا

la portion

دستگاه اسپرسو

la machine à expresso

چوکی بلند

la chaise haute

بل

la facture

پطنوس

le plateau

چاقو

le couteau

پنجه

la fourchette

قاشق

la cuillère

قاشق چای خوری

la cuillère à thé

دستپاک دسترخوان یا میز

la serviette

گیلاس

le verre

18   رستورانت - le restaurant

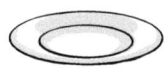

بشقاب

l'assiette

بشقاب سوپ

l'assiette à soupe

نعلبکی

la soucoupe

چتنی

la sauce

نمکدان

la salière

آسیاب مرچ

le moulin à poivre

سرکه

le vinaigre

روغن خوراکی

l'huile

ادویه

les épices

کچاپ

le ketchup

ساس خردل

la moutarde

مایونز

la mayonnaise

سوپر مارکیت

le supermarché

پیشنهاد خاص
l'offre promotionnelle
FOR
مشتری
le client
لبنیات
les produits laitiers
میوه
les fruits
چرخ دستی
le chariot

BUTCHERS

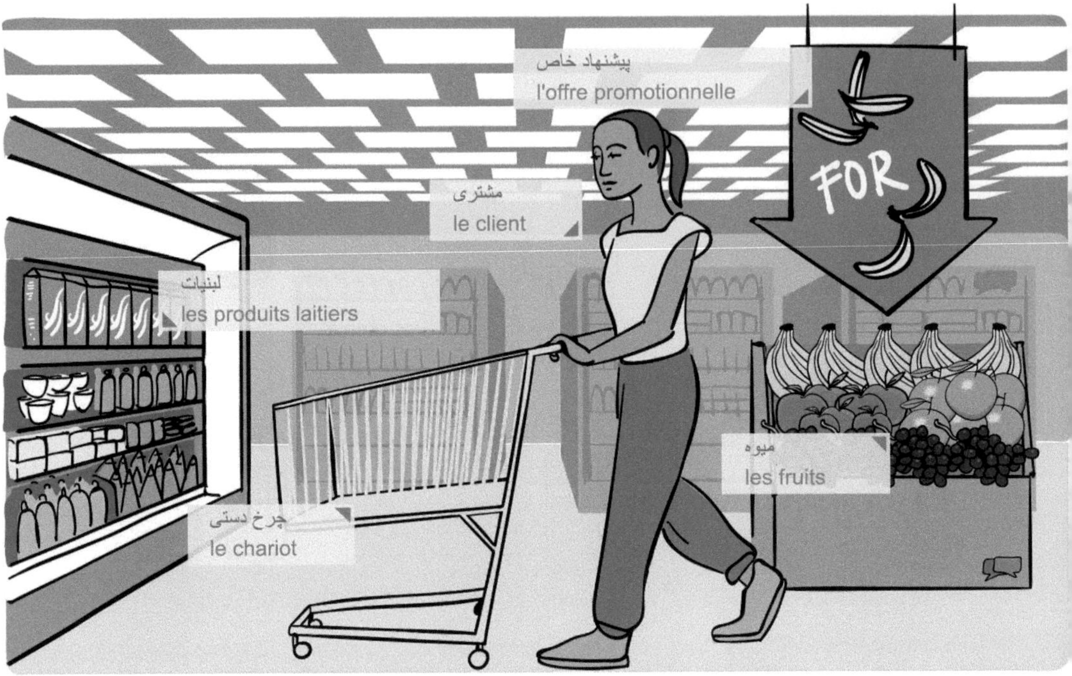

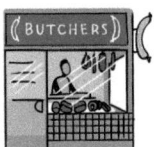

قصابی

la boucherie

BAKERY

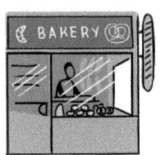

نانوایی

la boulangerie

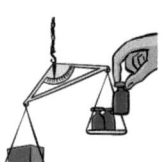

وزن کردن

peser

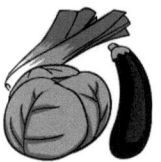

سبزیجات

les légumes

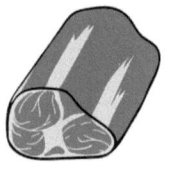

گوشت

la viande

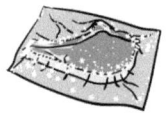

غذای منجمد

les aliments surgelés

غذای سرد

la charcuterie

غذای کنسر شده

les conserves

پودر رختشویی

la poudre à lessive

شیرینی

les bonbons

لوازم خانگی

les articles ménagers

محصولات پاک کننده

les détergents

فروشنده

la vendeuse

دخل پیسه

la caisse

صندوقدار

le caissier

لست خرید

la liste d'achats

ساعات کاری

les heures d'ouverture

بکسک جیبی

le portefeuille

کریدیت کارت

la carte de crédit

بیگ

le sac

بیگ پلاستیکی

le sac en plastique

les boissons

آب
....

l'eau

جوس
....

le jus de fruit

شیر
....

le lait

نوشابه
....

le coca

شراب
....

le vin

بیر
....

la bière

الکول
....

l'alcool

ککو
....

le chocolat chaud

چای
....

le thé

قهوه
....

le café

اسپرسو
....

l'expresso

کاپوچینو
....

le cappuccino

كيله

la banane

سيب

la pomme

مالته

l'orange

تربوز

le melon

ليمو

le citron.

زردگ

la carotte

سير

l'ail

چوب خيزران

le bambou

پياز

l'oignon

سمارق

le champignon

مغزيات

les noisettes

آش

les pâtes

مكرونى

les spaghetti

برنج

le riz

سلاد

la salade

چيپس

les pommes frites

كچالو سرخ كرده

les pommes de terre rôties

پيتزا

la pizza

همبرگر

le hamburger

ساندويچ

le sandwich

كتلت

l'escalope

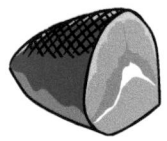

همبرگر

le jambon

سالامى

le salami

ساسيج

la saucisse

مرغ

le poulet

كباب

le rôti

ماهى

le poisson

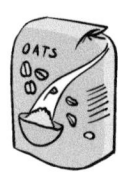

فرنی جو

les flocons d'avoine

صبحانه رژیمی

le muesli

کورن فلکس

les cornflakes

آرد

la farine

کروسانت

le croissant

قرص نان

les petits-pains

نان خشک

le pain

توست / نان بریان

le pain grillé

بیسکیت

les biscuits

مسکه

le beurre

چکه

le fromage blanc

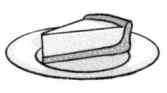

کیک

le gâteau

تخم مرغ

l'œuf

تخم مرغ سرخ شده

l'œuf au plat

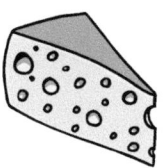

پنیر

le fromage

آیسکریم

la glace

شکر

le sucre

عسل

le miel

مربا

la confiture

مسکه چاکلیت

la crème nougat

زردچوبه هندی

le curry

مزرعه
la ferme

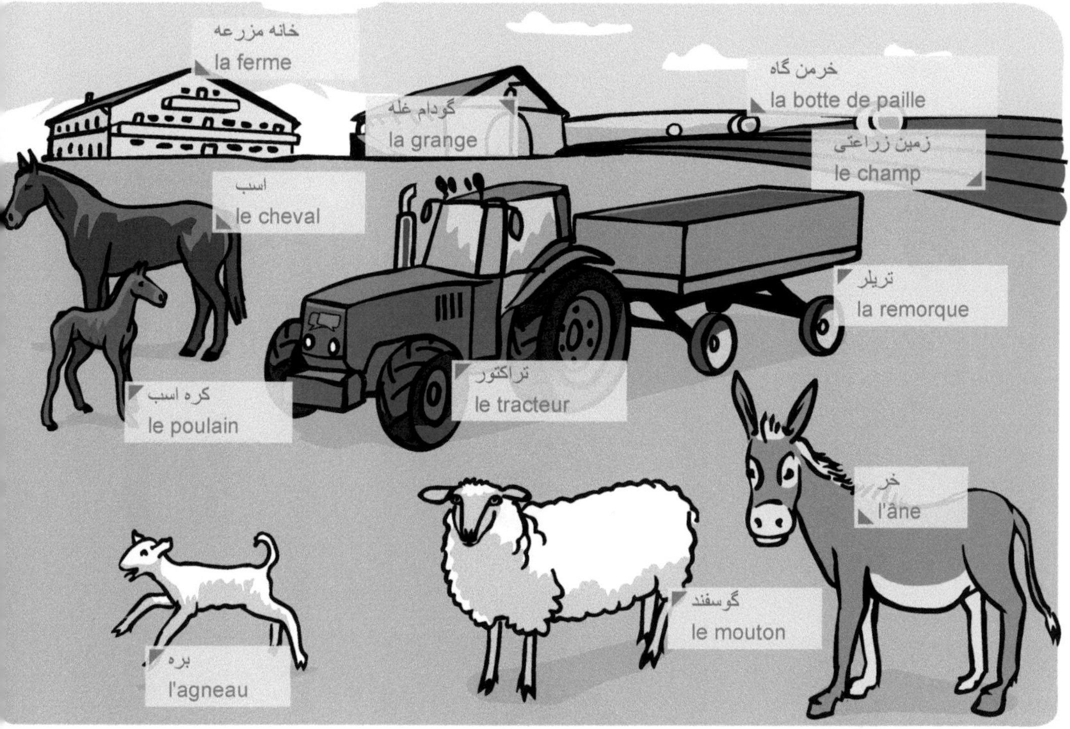
خانه مزرعه
la ferme
گودام غله
la grange
خرمن گاه
la botte de paille
زمین زراعتی
le champ
اسب
le cheval
تریلر
la remorque
کره اسب
le poulain
تراکتور
le tracteur
خر
l'âne
گوسفند
le mouton
بره
l'agneau

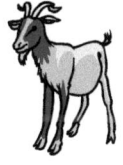

بز
la chèvre

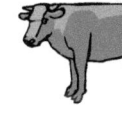

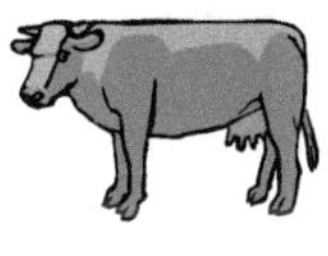

گاو
la vache

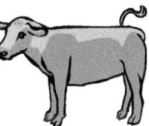

گوساله
le veau

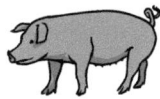

خوک
le porc

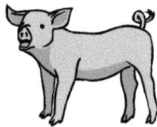

خوکچه
le porcelet

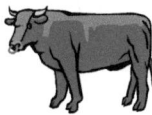

گاو نر
le taureau

قاز

l'oie

مرغابی

le canard

چوچه مرغ

le poussin

مرغ

la poule

خروس

le coq

موش صحرایی

le rat

پیشک

le chat

موش

la souris

گاومیش

le bœuf

سگ

le chien

خانه سگ

le chenil

خانه باغ

le tuyau de jardin

آبپاش

l'arrosoir

داس

la faucheuse

قولبه کردن

la charrue

داس

la faucille

کج بیل

la pioche

چنگال باغبانی

la fourche

تبر

la hache

کراچی

la brouette

تغار

la cuve

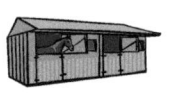

قوطی شیر

le pot à lait

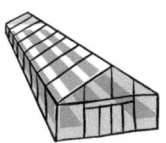

بوجی

le sac

دیوار مرزی از چوب یا سیم خار دار

la clôture

پایدار

l'étable

گلخانه

le serre

خاک

le sol

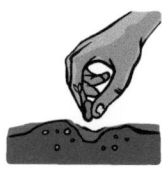

تخم

les semences

کود

l'engrais

ماشین درو وخرمنکوبی

la moissonneuse-batteuse

درو کردن

récolter

درو

la récolte

کچالو شرین

l'igname

گندم

le blé

سویا

le soja

کچالو

la pomme de terre

جواری

le maïs

کلزا

le colza

درخت میوه

l'arbre fruitier

مانیوک

le manioc

غلات و حبوبات

les céréales

خانه

la maison

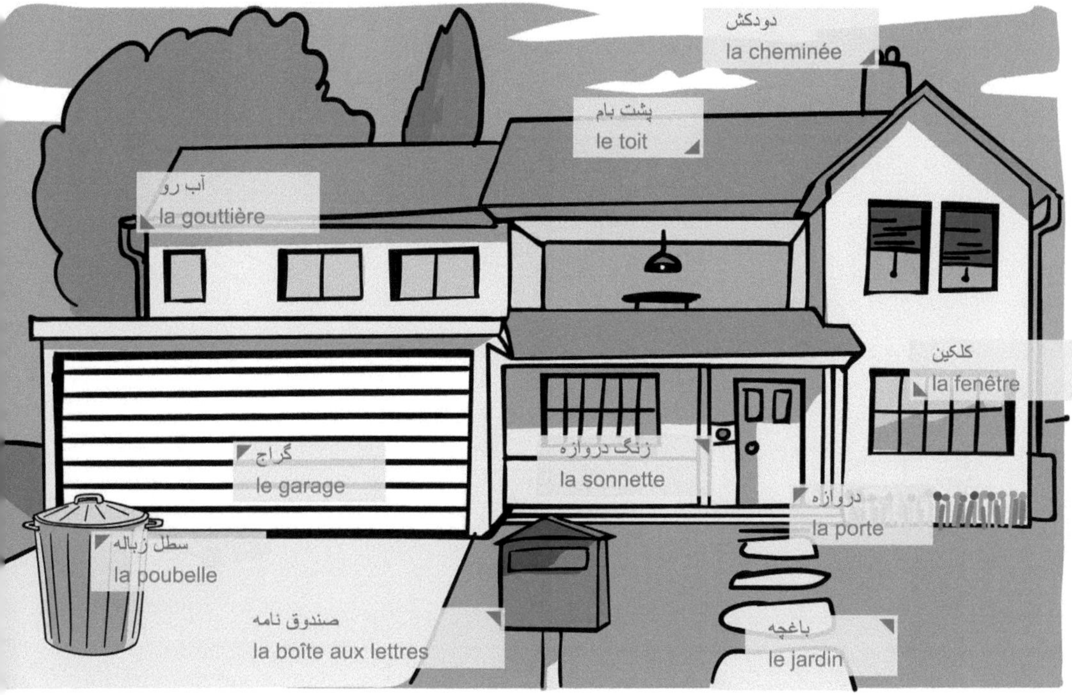
دودکش
la cheminée
پشت بام
le toit
آب رو
la gouttière
کلکین
la fenêtre
گراج
le garage
زنگ دروازه
la sonnette
دروازه
la porte
سطل زباله
la poubelle
صندوق نامه
la boîte aux lettres
باغچه
le jardin

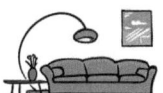

اطاق نشیمن

....

le salon

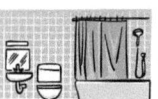

حمام / دستشویی

....

la salle de bain

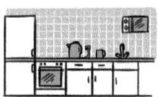

آشپزخانه

....

la cuisine

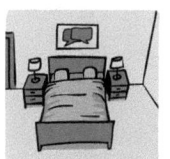

اطاق خواب

....

la chambre à coucher

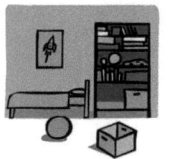

اطاق اطفال

....

la chambre d'enfant

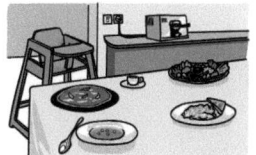

اطاق پذیرایی

....

la salle à manger

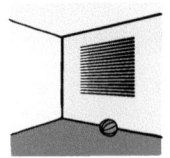

كف زمين

le sol

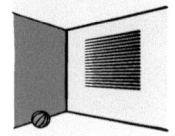

ديوار

le mur

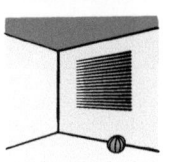

سقف

le plafond

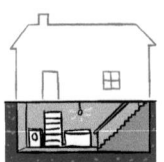

گودام زير زمينى

la cave

سونا

le sauna

بالكن

le balcon

برنده / بالكن

la terrasse

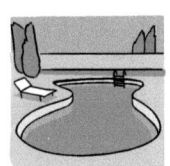

حوض

la piscine

ماشين درو كردن چمن

la tondeuse à gazon

ورق كاغذ

la housse

روجايى

la couette

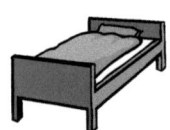

تختخواب

le lit

جارو

le balai

سطل

le sceau

سويچ

l'interrupteur

اطاق نشیمن
le salon

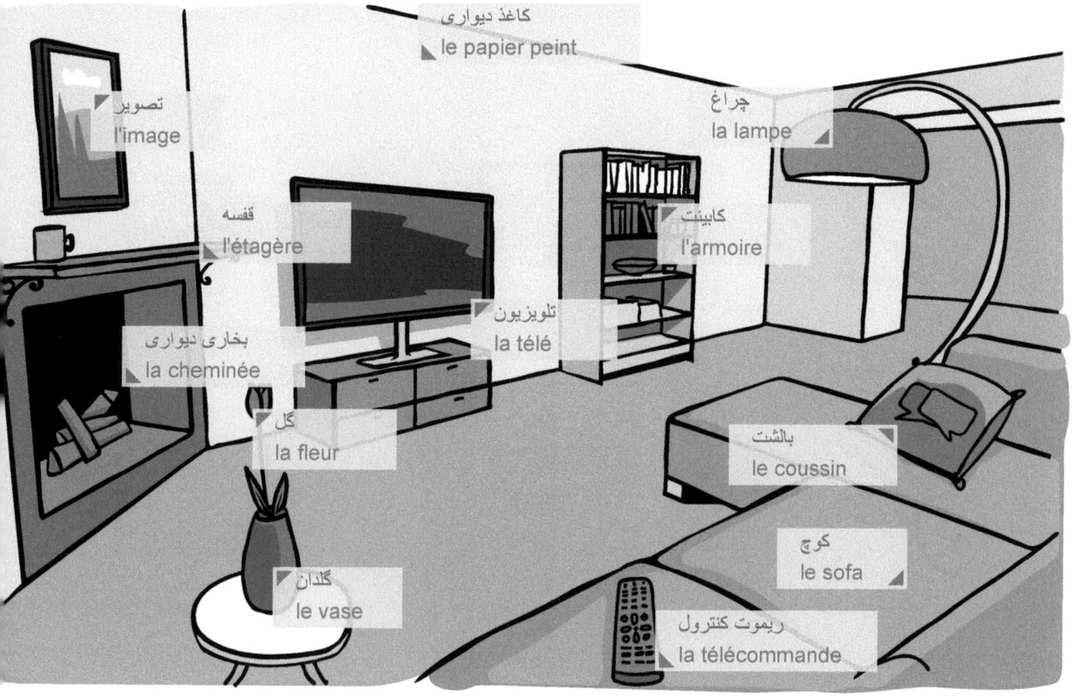

کاغذ دیواری
le papier peint
تصویر
l'image
چراغ
la lampe
قفسه
l'étagère
کابینت
l'armoire
تلویزیون
la télé
بخاری دیواری
la cheminée
گل
la fleur
بالشت
le coussin
کوچ
le sofa
گلدان
le vase
ریموت کنترول
la télécommande

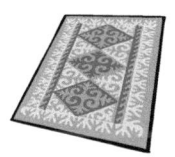

فرش

le tapis

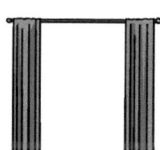

پرده

le rideau

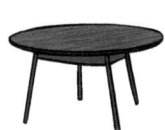

میز

la table

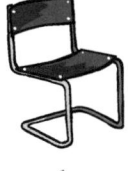

چوکی

la chaise

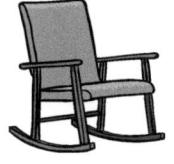

چوکی گهواره یی

la chaise à bascule

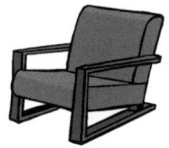

چوکی دسته دار

le fauteuil

كتاب

le livre

كمپل

la couverture

دكوراسيون

la décoration

هيزم

le bois de chauffage

فلم

le film

سيستم های فای

la chaîne hi-fi

كليد

la clé

روزنامه

le journal

تابلوی نقاشی

la peinture

پوستر

le poster

راديو

la radio

دفتر

le bloc-notes

جاروبرقی

l'aspirateur

كاكتوس

le cactus

شمع

la bougie

آشپزخانه
la cuisine

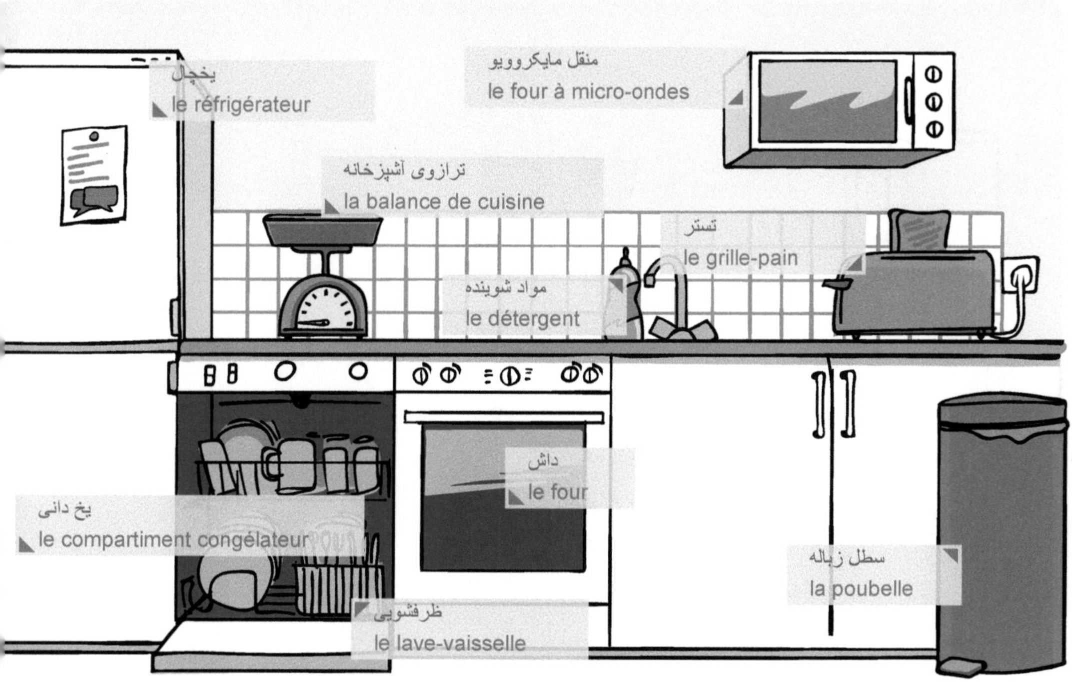
یخچال
le réfrigérateur
منقل مایکروویو
le four à micro-ondes
ترازوی آشپزخانه
la balance de cuisine
تستر
le grille-pain
مواد شوینده
le détergent
داش
le four
یخ دانی
le compartiment congélateur
سطل زباله
la poubelle
ظرفشویی
le lave-vaisselle

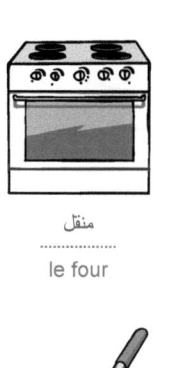

منقل

le four

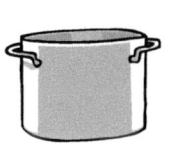

دیگ

la casserole

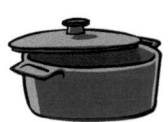

دیگ چدنی

la marmite

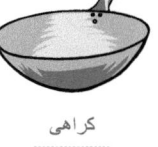

کراهی

le wok / kadai

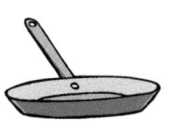

تابه

la poêle

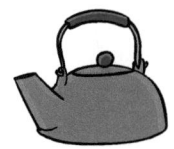

چای جوش

la bouilloire electrique

بخاریز

le cuiseur vapeur

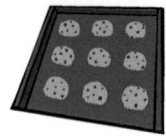

پطنوس طباخی

la plaque de cuisson

ظروف

la vaisselle

پیاله کلان

le gobelet

کاسه

la coupe

چاپستیک ها

les baguettes

ملاقه

la louche

کفگیر

la spatule

مخلوط کننده

le fouet

چلو صاف

la passoire

غلبیل

le tamis

رنده

la râpe

هاونگ

le mortier

بار بیکیو

le barbecue

آتش باز

la cheminée

تخته برش

la planche à découper

آشگز

le rouleau à pâtisserie

سر بازکن

le tire-bouchon

قوطی

la boîte

سر باز کن

l'ouvre-boîte

دستگیره تکه ای

les maniques

ظرف شویی

le lavabo

برس ظرف شویی

la brosse

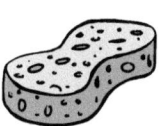

اسفنج

l'éponge

مخلوط کن

le mixeur

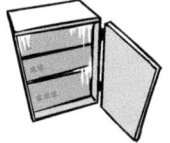

فریزر

le congélateur

شیر چوشک اطفال

le biberon

نل آب

le robinet

حمام / دستشویی

la salle de bain

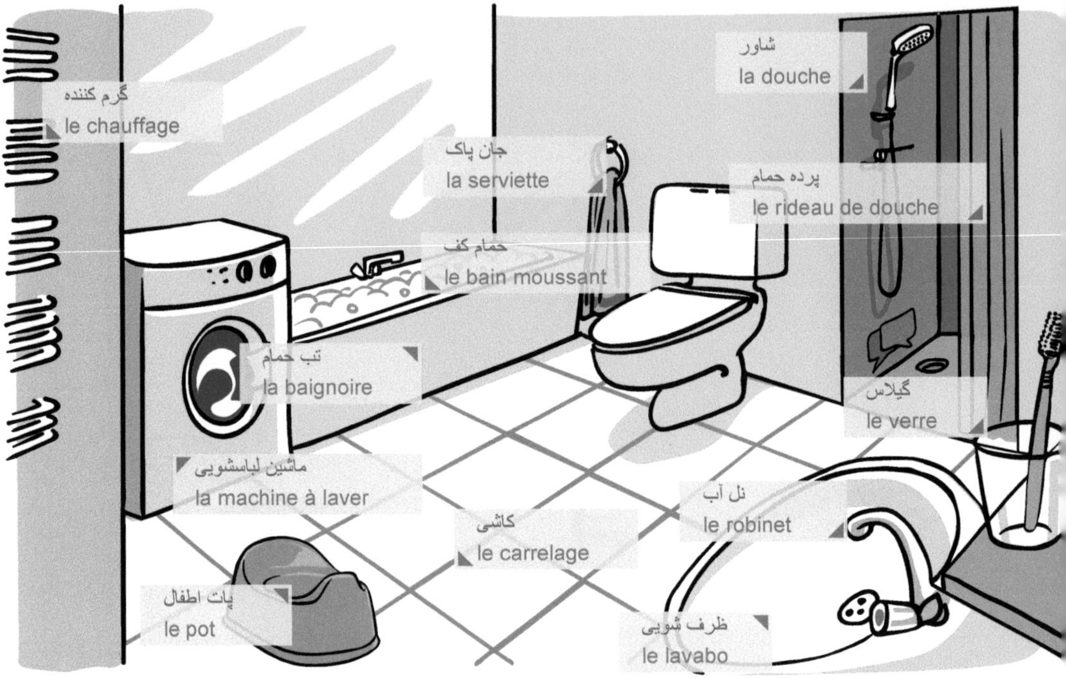

گرم کننده
le chauffage
شاور
la douche
جان پاک
la serviette
پرده حمام
le rideau de douche
حمام کف
le bain moussant
تب حمام
la baignoire
گیلاس
le verre
ماشین لباسشویی
la machine à laver
نل آب
le robinet
کاشی
le carrelage
پات اطفال
le pot
ظرف شویی
le lavabo

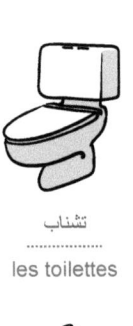

تشناب

les toilettes

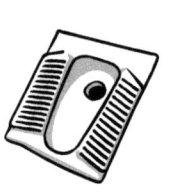

کمود فرشی

la toilette à la turque

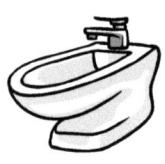

کمود

le bidet

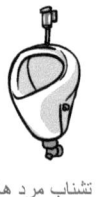

تشناب مرد ها

l'urinoir

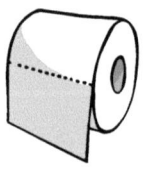

کاغذ تشناب

le papier toilette

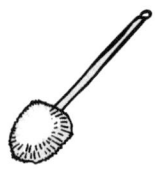

برس کمود

la brosse à toilette

برس دندان

la brosse à dents

كريم دندان

le dentifrice

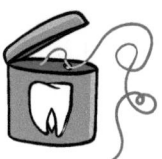

نخ دندان

le fil dentaire

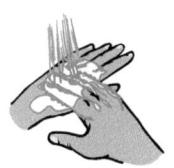

شُستن

laver

شاور دستی

la douche manuelle

شاور كمود

la douche intime

دستشویی

la vasque

برس پشت

la brosse dorsale

صابون

le savon

جل حمام

le gel douche

شامپو

le shampooing

لیف

le gant de toilette

آب رو

l'écoulement

كريم

la crème

بوزدا

le déodorant

آینه

le miroir

آینه دستی

le miroir cosmétique

ریش تراش

le rasoir

کف ریش تراشی

la mousse à raser

کلونیا

l'après-rasage

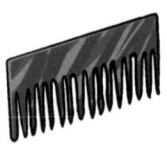

شانه موی

la peigne

برس

la brosse

سشوار

le sèche-cheveux

اسپری مو

la laque pour cheveux

آرایش

le fond de teint

لب سرین

le rouge à lèvres

رنگ ناخن

le vernis à ongles

پشم پنبه

l'ouate

ناخن گیر

le coupe-ongles

عطر

le parfum

كيسه شستشو
la trousse de toilette

چوکی چار پایه
le tabouret

ترازوی وزن
le pèse-personne

جان پاک
le peignoir

دستکش پلاستیکی
les gants de nettoyage

تامپون
le tampon

کوتکس
les serviettes hygiéniques

تشناب سیار
la toilette chimique

اطاق اطفال

la chambre d'enfant

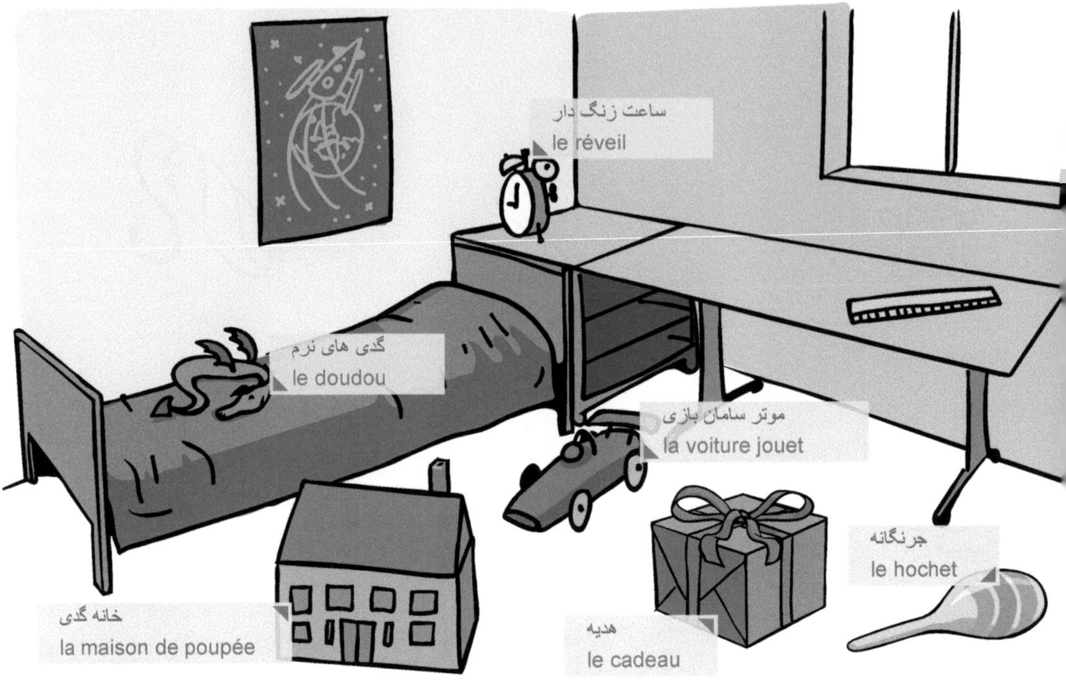

ساعت زنگ دار
le réveil
گدی های نرم
le doudou
موتر سامان بازی
la voiture jouet
جرنگانه
le hochet
خانه گدی
la maison de poupée
هدیه
le cadeau

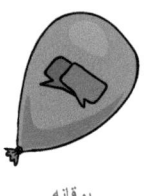

پوقانه

le ballon

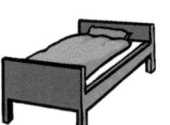

تختخواب

le lit

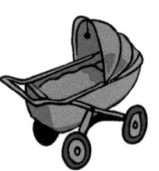

ریکشه اطفال

la poussette

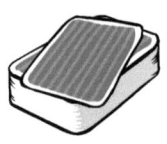

قطعه بازی

le jeu de cartes

پازل

le puzzle

SUPER MEGA

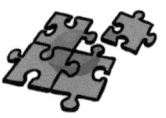

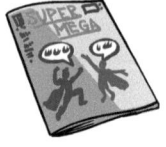

خنده آور

la bande dessinée

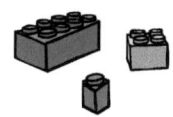

خشت های لگو

les pièces lego

بلوک های سامان بازی

les blocs de construction

پچه فلم

la figurine

لباس طفل

la grenouillère

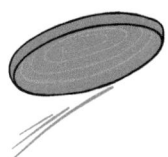

فریزبی

le frisbee

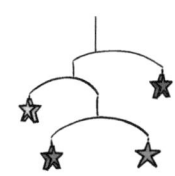

سامان بازی که روی تخت خواب اطفال
اویزان می شود

le mobile

بازی تخته یی

le jeu de société

تاس

le dé

ریل اسباب بازی

le train miniature

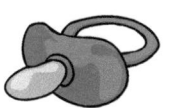

چوشک

la sucette

مهمانی

la fête

کتاب تصویری

le livre d'images

توپ

la balle

گدیگک

la poupée

بازی کردن

jouer

جعبه ریگ

le bac à sable

گاز

la balançoire

اسباب بازی

les jouets

کنسول بازی کمپیوتری

la console de jeu

سه چرخه

le tricycle

خرس سامان بازی

l'ours en peluche

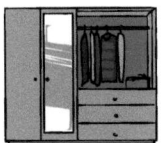

الماری لباس

l'armoire

لباس

les vêtements

جوراب

les chaussettes

جوراب دراز

les bas

برجس

le collant

چادر سر
l'écharpe

کمربند
la ceinture

چتری
le parapluie

بلوز
le t-shirt

کرمچ
les baskets

بوت
les bottes

چپلک
les pantoufles

چپلی
les sandales

بوت
les chaussures

موزه پلاستیکی
les bottes de caoutchouc

نیکر
les sous-vêtements

واسکت زنانه
le soutien-gorge

واسکت
le maillot de corps

بدن

le body

برزو

le pantalon

پتلون کاوبای

le jean

دامن

la jupe

بلوز

le chemisier

پیراهن

la chemise

یالان

le pull

جاکت کلاه دار

le sweat à capuche

جاکت

la veste

چمپر

la veste

کورتی

le manteau

کوت بارانی

l'imperméable

لباس مخصوص مراسم

le costume

پیراهن

la robe

لباس عروسی

la robe de mariée

دریشی
....
le costume

لباس خواب
....
la chemise de nuit

پاجامه
....
le pyjama

ساری
....
le sari

چادر سر
....
le foulard

لنگی
....
le turban

چادری
....
la burqa

کفتان
....
le caftan

چادر
....
l'abaya

لباس آببازی
....
le maillot de bain

نیکر پاچه دار
....
le maillot de bain

پتلون نصفه
....
le short

لباس ورزشی
....
la tenue d'entraînement

پیش بند
....
le tablier

دستکش
....
les gants

دكمه

le bouton

عینک

les lunettes

دستبند

le bracelet

گردن بند

le collier

انگشتر

la bague

گوشواره

la boucle d'oreille

کلاه پیک دار

le bonnet

کوت بند

le cintre

کلاه

le chapeau

نیکتایی

la cravate

زیپ

la fermeture éclair

کلاه مصون

le casque

بند تنبان

les bretelles

یونیفورم مکتب

l'uniforme scolaire

یونیفورم

l'uniforme

پیش بند

le bavoir

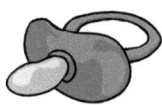

چوشک

la sucette

پمپر

la lange

دفتر

le bureau

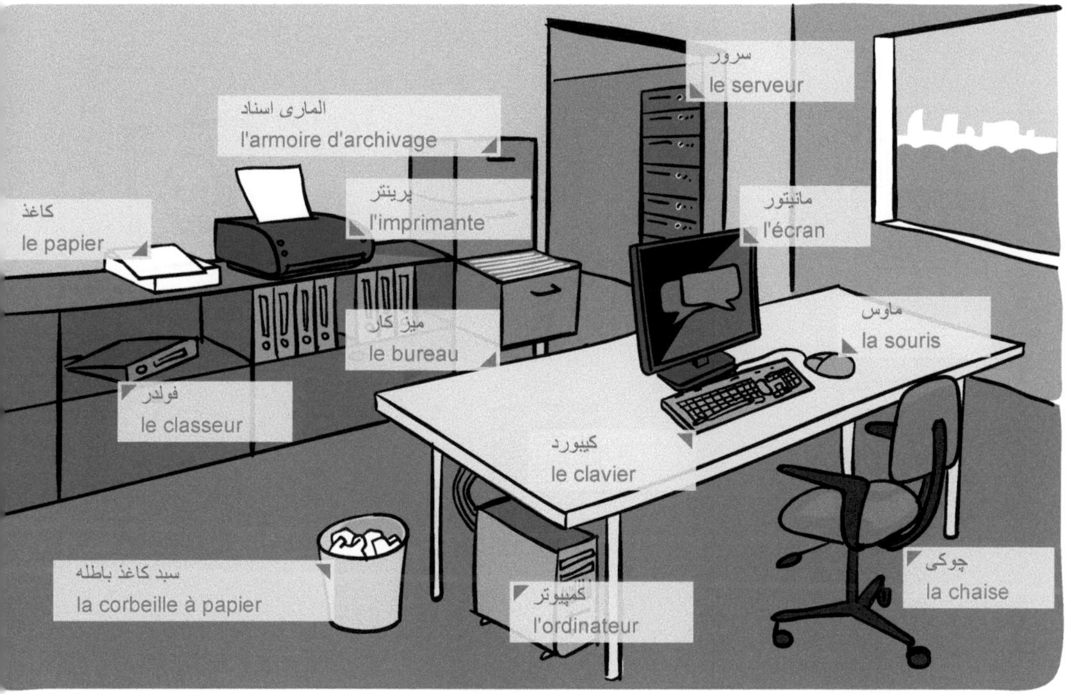

سرور
le serveur

المارى اسناد
l'armoire d'archivage

پرینتر
l'imprimante

مانیتور
l'écran

کاغذ
le papier

میز کار
le bureau

ماوس
la souris

فولدر
le classeur

کیبورد
le clavier

سید کاغذ باطله
la corbeille à papier

کمپیوتر
l'ordinateur

چوکی
la chaise

گیلاس قهوه

la tasse de café

ماشین حساب

la calculatrice

اینترنت

l'internet

لپ تاپ

l'ordinateur portable

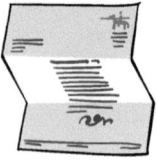

نامه

la lettre

پیام

le message

موبایل

le portable

شبکه

le réseau

ماشین فوتوکاپی

la photocopieuse

نرم افزار

le logiciel

تلیفون

le téléphone

پلک

la prise

دستگاه فکس

le fax

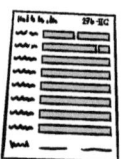

فورمه

le formulaire

سند

le document

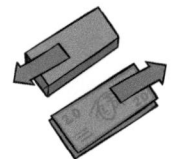

خرید کردن

acheter

پرداختن

payer

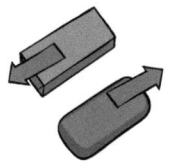

تجارت کردن

faire du commerce

پول

la monnaie

USD

دالر

le dollar

EUR

يورو

l'euro

JPY

ين

le yen

RUB

روبل

le rouble

CHF

فرانک سوئیس

le franc suisse

CNY

يوان رنمينبى

le renminbi yuan

INR

روپيه

la roupie

خودپرداز

le distributeur automatique

دفتر صرافى

le bureau de change

طلا

l'or

نقره

l'argent

نفت

le pétrole

انرژى

l'énergie

قیمت

le prix

قرارداد

le contrat

مالیات

la taxe

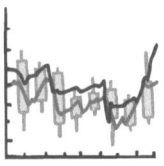

سهام

l'action

کار کردن

travailler

کارمند

l'employé

استخدام کننده

l'employeur

فابریکه

l'usine

مغازه

le magasin

شغل ها

les professions

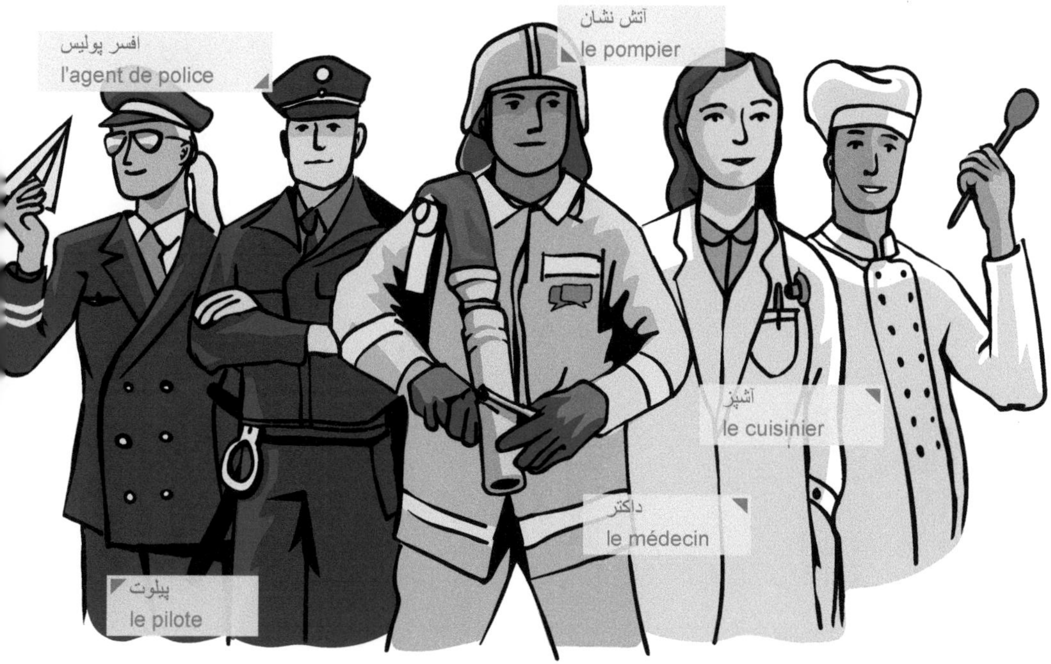

افسر پولیس
l'agent de police
آتش نشان
le pompier
آشپز
le cuisinier
داکتر
le médecin
پیلوت
le pilote

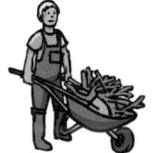

باغبان

le jardinier

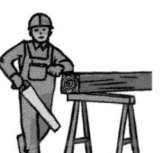

نجار

le menuisier

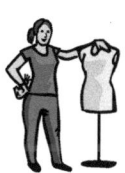

خیاط

la couturière

قاضی

le juge

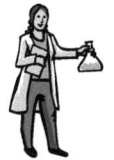

کیمیا دان

le chimiste

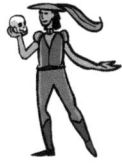

بازیگر

l'acteur

راننده بس

le conducteur de bus

راننده تکسی

le chauffeur de taxi

ماهیگیر

le pêcheur

خدمه

la femme de ménage

سقف ساز

le couvreur

پیشخدمت

le serveur

شکارچی

le chasseur

نقاش

le peintre

نانوا

le boulanger

برقی

l'électricien

بنا

l'ouvrier

انجنیر

l'ingénieur

قصاب

le boucher

نلدوان

le plombier

پستچی

le facteur

سرباز

le soldat

معمار

l'architecte

صندوقدار

le caissier

گل فروش

le fleuriste

آرایشگر

le coiffeur

مامور تکت ریل

le contrôleur

میخانیک

le mécanicien

کاپیتان

le capitaine

داکتر دندان

le dentiste

دانشمند

le scientifique

خاخام/ عالم یهودی

le rabbin

امام

l'imam

راهب

le moine

ملا

le prêtre

ابزار

les outils

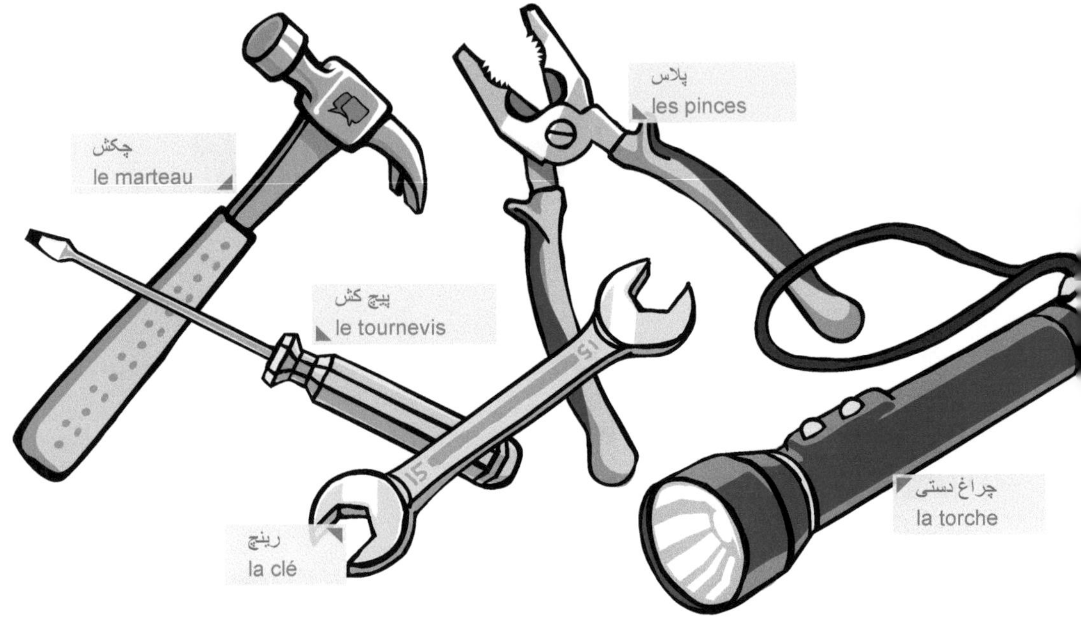

پلاس
les pinces
چکش
le marteau
پیچ کش
le tournevis
چراغ دستی
la torche
رینچ
la clé

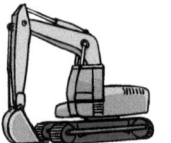

ماشین حفاری
....
la pelleteuse

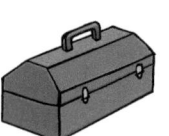

جعبه ابزار
....
la boîte à outils

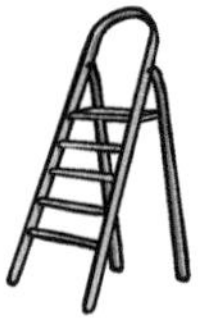

زینه
....
l'échelle

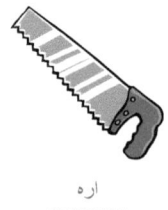

اره
....
la scie

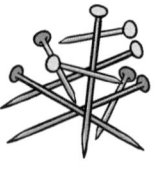

میخ
....
les clous

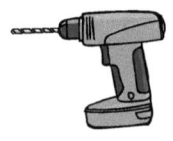

برمه
....
la perceuse

ترمیم کردن
....
réparer

بیل
....
la pelle

لعنتی!
....
Mince !

خاکروبه
....
la pelle

سطل رنگ
....
le pot de peinture

پیچ
....
les vis

آلات موسیقی
les instruments de musique

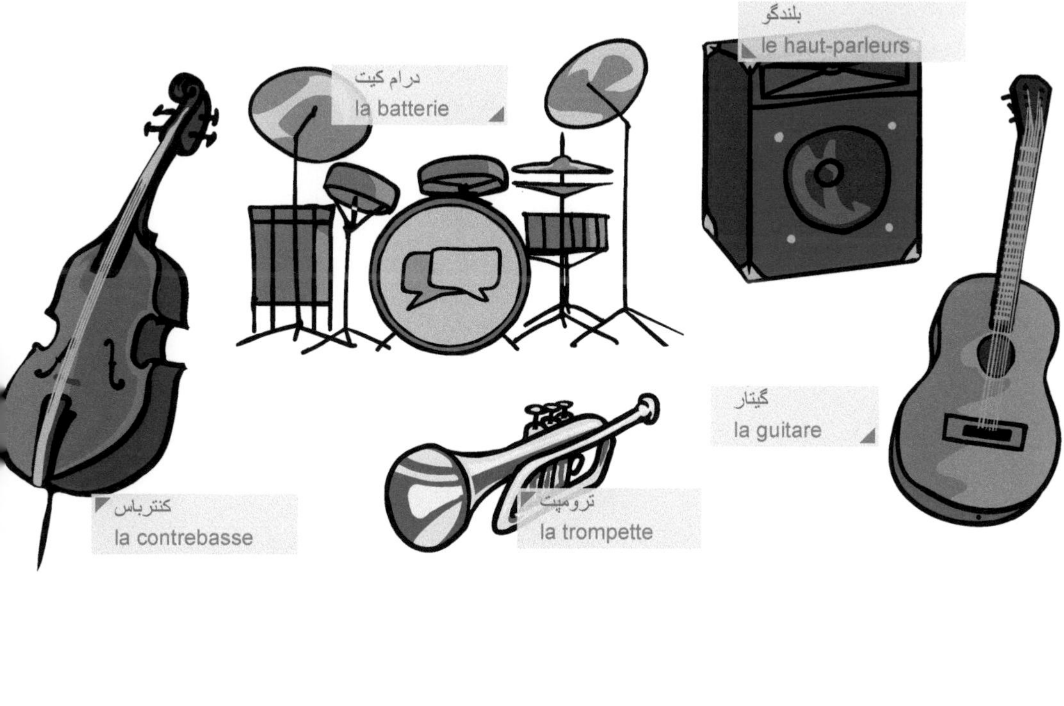

بلندگو
le haut-parleurs

درام کیت
la batterie

گیتار
la guitare

کنترباس
la contrebasse

ترومپت
la trompette

پیانو

le piano

وایلن

le violon

گیتار بیس

la basse

دهل

les timbales

دول

le tambour

پیانوی برقی

le piano électrique

ساکسوفون

le saxophone

توله

la flûte

میکروفون

le microphone

باغ وحش
le zoo

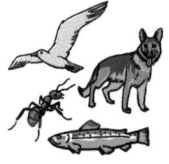

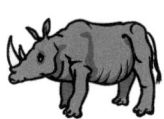

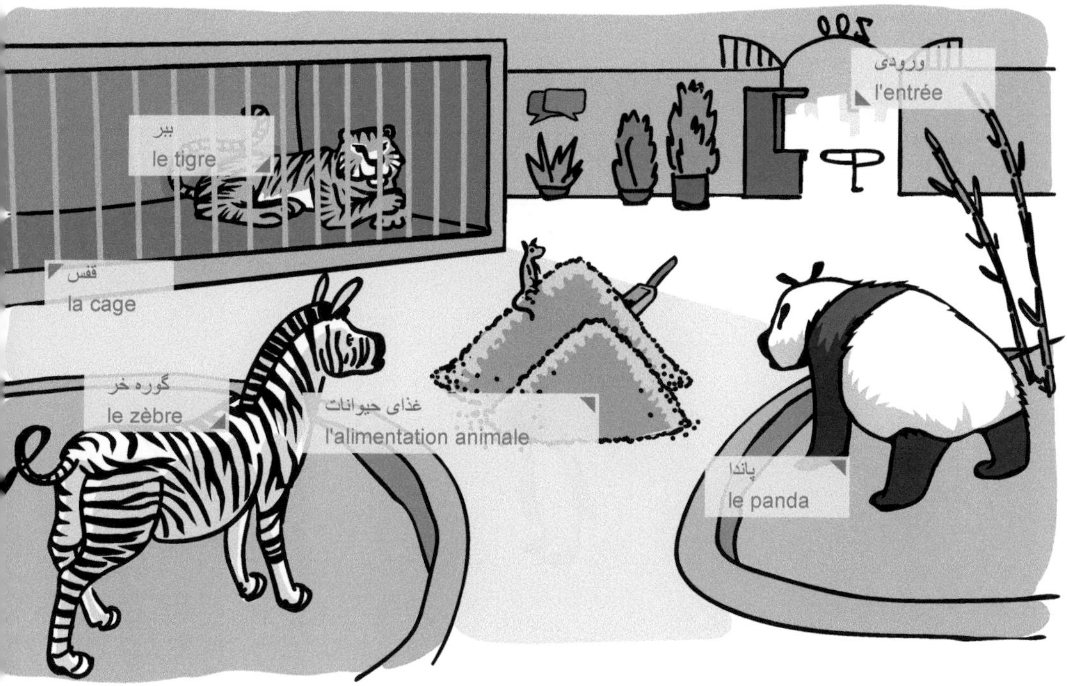
ورودی
l'entrée
ببر
le tigre
قفس
la cage
گوره خر
le zèbre
غذای حیوانات
l'alimentation animale
پاندا
le panda

حیوانات

les animaux

فیل

l'éléphant

کانگورو

le kangourou

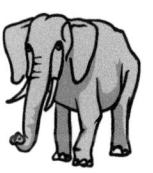

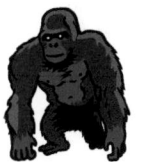

غژ گاو

le rhinocéros

گوریلا

le gorille

خرس

l'ours

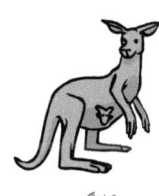

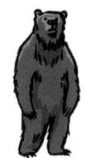

شتر

le chameau

شترمرغ

l'autruche

شیر

le lion

میمون

le singe

فلامینگو

le flamand rose

طوطی

le perroquet

خرس قطبی

l'ours polaire

پنگوئن

le pingouin

کوسه

le requin

طاووس

le paon

مار

le serpent

تمساح

le crocodile

نگهبان باغ وحش

le gardien de zoo

سگ آبی

le phoque

پلنگ خالدار امریکایی

le jaguar

اسب کوچک
....
le poney

پلنگ
....
le léopard

اسب آبی
....
l'hippopotame

زرافه
....
la girafe

عقاب
....
l'aigle

خوک وحشی
....
le sanglier

ماهی
....
le poisson

سنگ پشت
....
la tortue

شیر دریایی
....
le morse

روباه
....
le renard

غزال
....
la gazelle

les sports

فوتبال امریکایی
l'american Football

بایسکل سواری
le cyclisme

تنیس
le tennis

باسکتبال
le basket-ball

آب بازی
la natation

بوکس
la boxe

هاکی روی یخ
le hockey sur glace

فوتبال
le football

بدمینتون
le badminton

ورزشکاری
l'athlétisme

هندبال
le handball

اسکی
le ski

پولو
le polo

فعالیت ها

les activités

خیز زدن
sauter
بغل کردن
embrasser
خندیدن
rire
راه رفتن
marcher
خواندن
chanter
خواب دیدن
rêver
دعا کردن
prier
بوسیدن
faire la bise

نوشتن

écrire

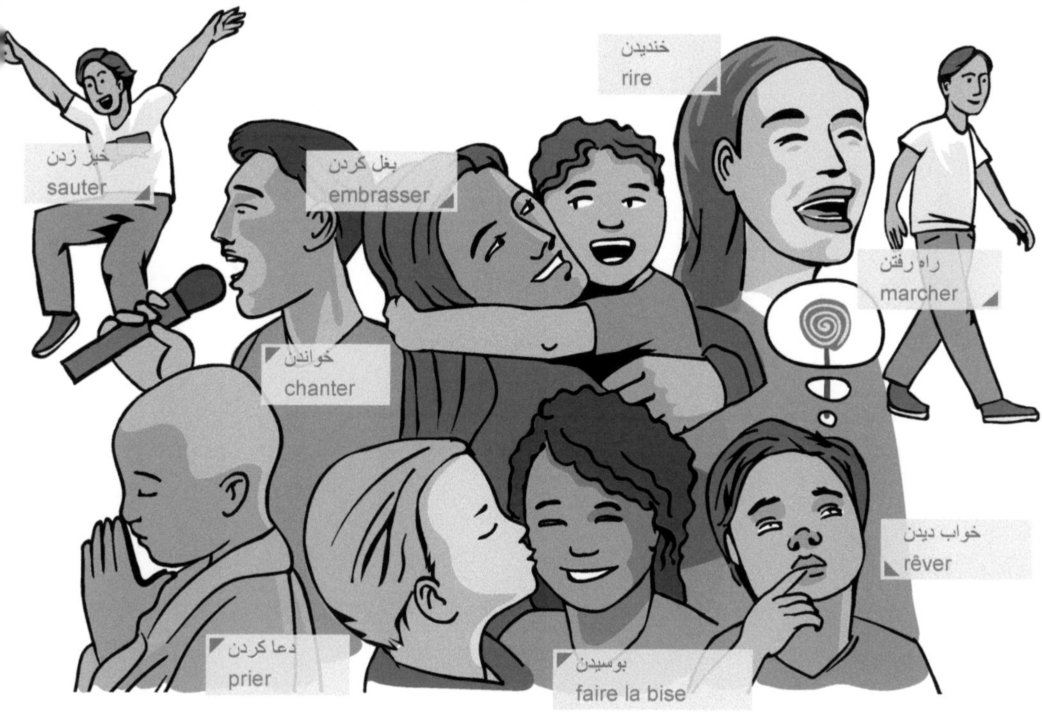

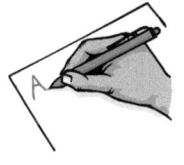

کشیدن

dessiner

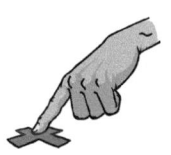

نشان دادن

montrer

تیله کردن

pousser

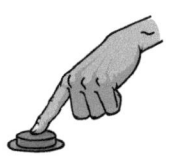

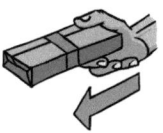

دادن

donner

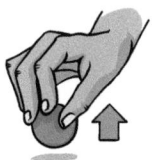

گرفتن

prendre

داشتن
....
avoir

انجام دادن
....
faire

بودن
....
être

ایستادن
....
être debout

دویدن
....
courir

کش کردن
....
trier

پرتاب کردن
....
jeter

افتادن
....
tomber

دروغ گفتن
....
être couché

صبر کردن
....
attendre

حمل کردن
....
porter

نشستن
....
être assis

لباس پوشیدن
....
s'habiller

خوابیدن
....
dormir

بیدار شدن
....
se réveiller

نگاه کردن

regarder

گریه کردن

pleurer

ضربه زدن

caresser

شانه کردن

peigner

صحبت کردن

parler

فهمیدن

comprendre

پرسیدن

demander

گوش دادن

écouter

نوشیدن

boire

خوردن

manger

مرتب کردن

ranger

عشق ورزیدن

aimer

پختن

cuire

راننده گی کردن

conduire

پرواز کردن

voler

روی آب حرکت کردن

faire de la voile

حساب کردن

calculer

خواندن

lire

یاد گرفتن

apprendre

کار کردن

travailler

ازدواج کردن

se marier

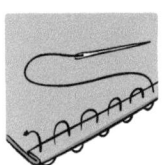

دوختن

coudre

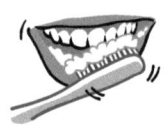

برس کردن دندان ها

brosser les dents

کشتن

tuer

سگریت کشیدن

fumer

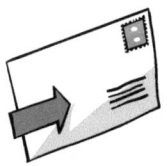

فرستادن

envoyer

فامیل
la famille

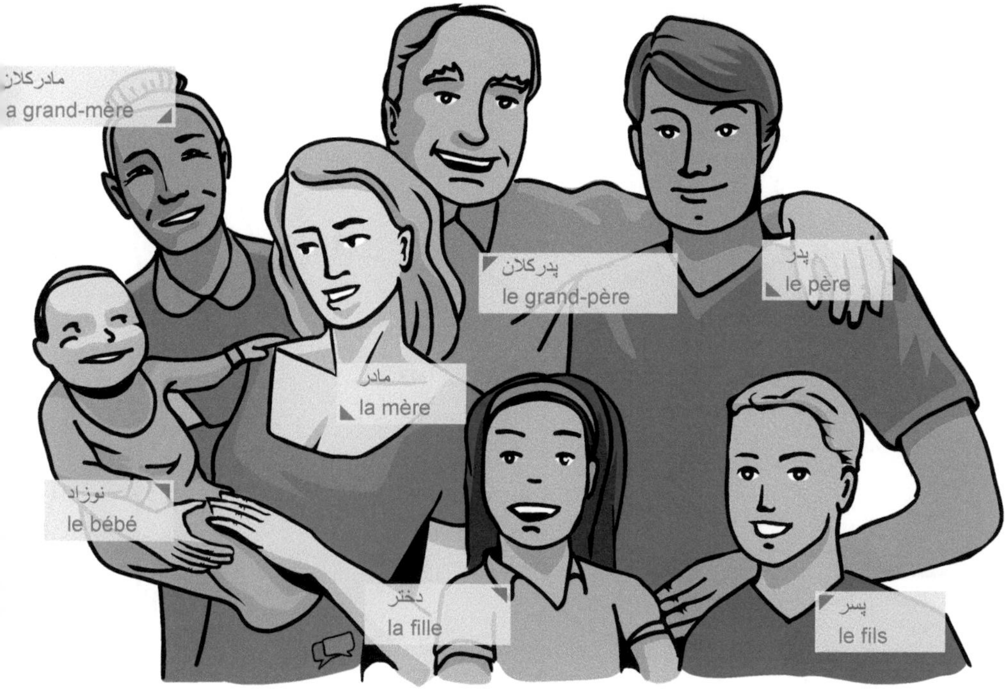

مادرکلان
a grand-mère
پدرکلان
le grand-père
پدر
le père
مادر
la mère
نوزاد
le bébé
دختر
la fille
پسر
le fils

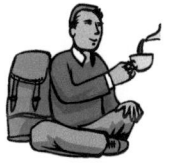

مهمان

l'hôte

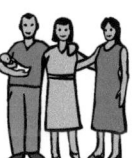

عمه / خاله

la tante

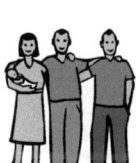

ماما/کاکا

l'oncle

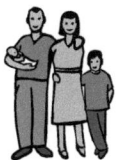

برادر

le frère

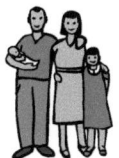

خواهر

la sœur

بدن

le corps

پیشانی
le front
چشم
l'œil
شانه
l'épaule
انگشت
le doigt
روی
le visage
زنخ
le menton
دست
la main
پا
la jambe
سینه
la poitrine
بازو
le bras

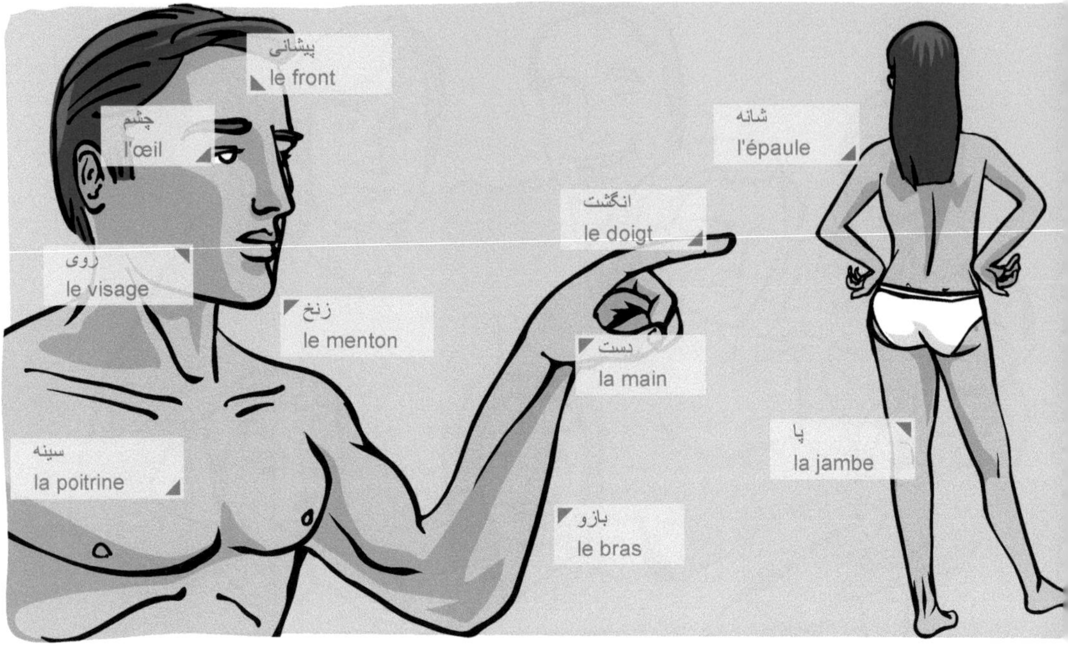

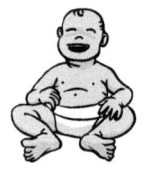

نوزاد

le bébé

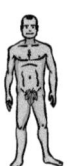

مرد

l'homme

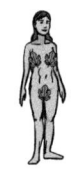

زن

la femme

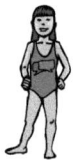

دختر

la fille

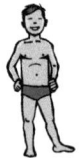

پسر

le garçon

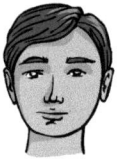

سر

la tête

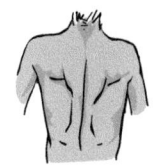

كمر

le dos

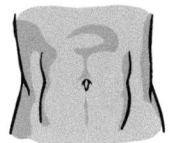

شكم

le ventre

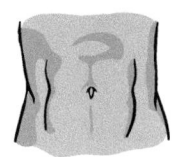

ناف

le nombril

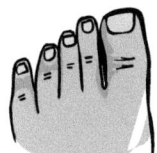

انگشت پا

l'orteil

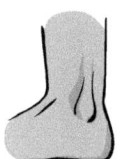

كوری پای

le talon

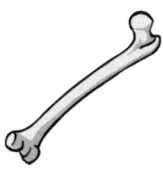

استخوان

l'os

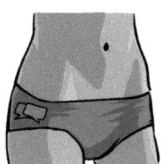

كمر

la hanche

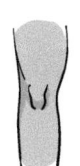

زانو

le genou

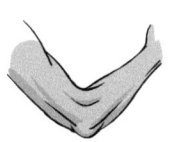

آرنج

le coude

بینی

le nez

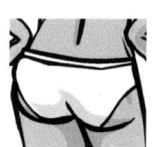

سرین

les fesses

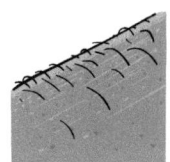

پوست

la peau

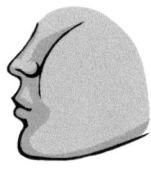

كومه

la joue

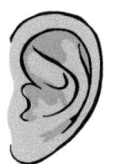

گوش

l'oreille

لب

la lèvre

بدن - le corps

دهان
....
la bouche

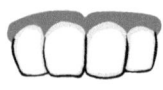

دندان
....
la dent

زبان
....
la langue

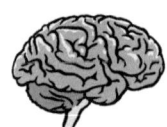

مغز
....
le cerveau

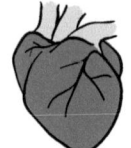

قلب
....
le cœur

عضله
....
le muscle

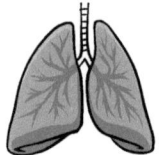

شُش
....
les poumons

جگر
....
le foie

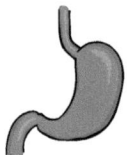

معده
....
l'estomac

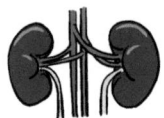

گرده
....
les reins

رابطه جنسی
....
le rapport sexuel

كاندوم
....
le préservatif

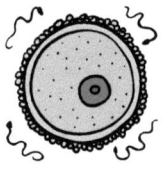

تخمه
....
l'ovule

آب منی
....
le sperme

حاملگی
....
la grossesse

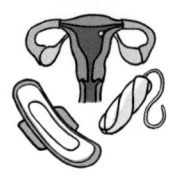

قاعده گی
....
la menstruation

مجرای تناسلی زن
....
le vagin

آلت تناسلی مرد
....
le pénis

ابرو
....
le sourcil

مو
....
les cheveux

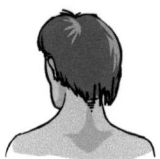

گردن
....
le cou

شفاخانه
l'hôpital

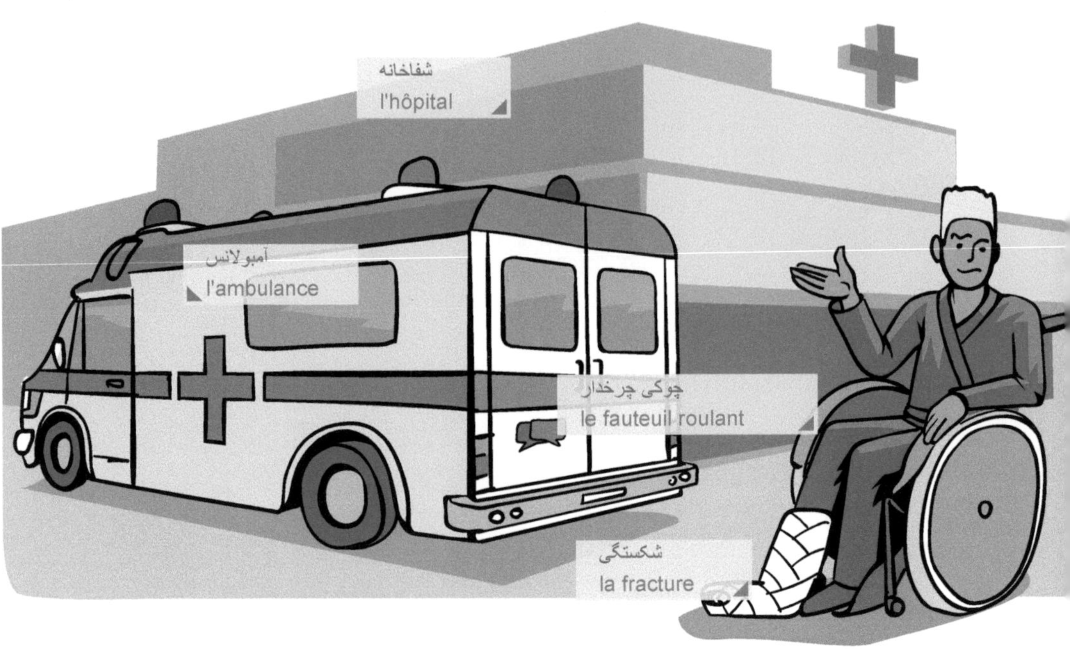

شفاخانه
l'hôpital
آمبولانس
l'ambulance
چوکی چرخدار
le fauteuil roulant
شکستگی
la fracture

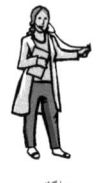

داکتر

le médecin

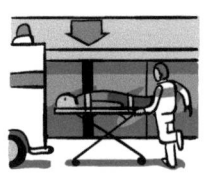

اطاق عاجل

le service des urgences

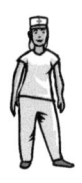

نرس

l'infirmière

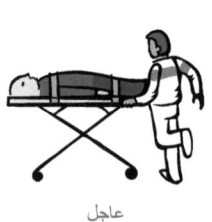

عاجل

l'urgence

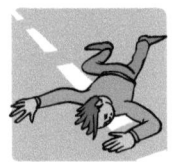

بیهوش

inconscient

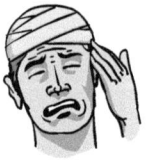

درد

la douleur

جراحت

la blessure

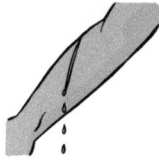

خونریزی

l'hémorragie

حمله قلبی

la crise cardiaque

سکته مغزی

l'attaque cérébrale

حساسیت

l'allergie

سرفه

la toux

تب

la fièvre

انفلوانزا

la grippe

اسهال

la diarrhée

سردرد

le mal de tête

سرطان

le cancer

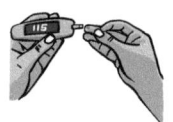

شکر

le diabète

جراح

le chirurgien

چاقوی جراحی

le scalpel

عملیات

l'opération

سی تی

le CT

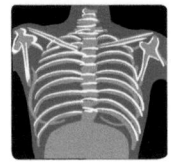

ایکسری

la radiographie

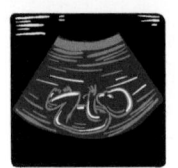

سونوگرافی

l'échographie

ماسک روی

le masque

مریضی

la maladie

اطاق انتظار

la salle d'attente

عصا

la béquille

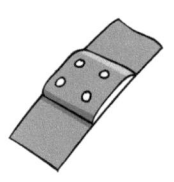

گچ

le pansement

پانسمان

le pansement

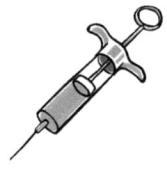

تزریق

l'injection

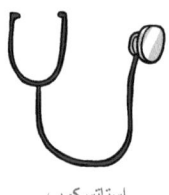

استاتسکوپ

le stéthoscope

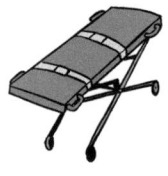

تذکره

le brancard

ترمامیتر کلینیکی

le thermomètre

تولد

l'accouchement

اضافه وزن

la surcharge pondérale

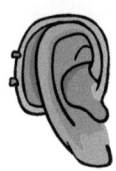

سمعک

l'appareil auditif

ضدعفونی کننده

le désinfectant

عفونت

l'infection

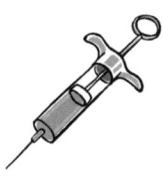

وایروس

le virus

اچ آی وی / ایدز

le VIH / le sida

ادویه

le médicament

واکسیناسیون

la vaccination

تابلیت ها

les comprimés

تابلیت

la pilule

تماس اضطراری

l'appel d'urgence

مانیتور فشار خون

le tensiomètre

بیمار / سالم

malade / sain

كمک!

Au secours !

زنگ هشدار

l'alarme

تجاوز

l'assaut

حمله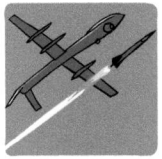

l'attaque

خطر

le danger

خروج اضطراری

la sortie de secours

آتش!

Au feu!

آله ضد حریق

l'extincteur

حادثه

l'accident

بکسه کمک های اولیه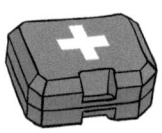

la trousse de premier
secours

پیام اضطراری

SOS

پولیس

la police

اروپا

l'Europe

امریکای شمالی

l'Amérique du Nord

امریکای جنوبی

l'Amérique du Sud

آفریقا

l'Afrique

آسیا

l'Asie

استرالیا

l'Australie

اقیانوس اطلس

l'Océan atlantique

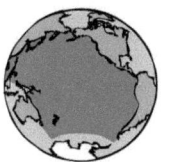

اقیانوس آرام

l'Océan pacifique

اقیانوس هند

l'Océan indien

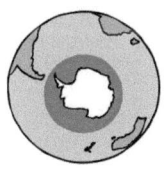

اقیانوس منجمد جنوبی

l'Océan antarctique

اقیانوس منجمد شمالی

l'Océan arctique

قطب شمال

le Pôle nord

قطب جنوب
....
le Pôle sud

قاره قطب جنوب
....
l'Antarctique

زمين
....
la terre

خشكى
....
le pays

دريا
....
la mer

جزيره
....
l'île

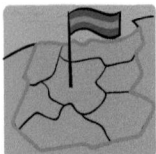

ملت
....
la nation

كشور
....
l'état

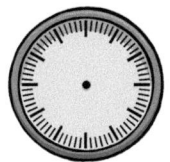

روی ساعت

le cadran

عقربه ساعت شمار

l'aiguille des heures

عقربه دقیقه شمار

l'aiguille des minutes

عقربه ثانیه شمار

l'aiguille des secondes

ساعت چند است؟

Quelle heure est-il ?

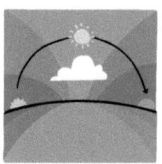

روز

le jour

زمان

le temps

اکنون

maintenant

ساعت دستی دیجیتل

la montre digitale

دقیقه

la minute

ساعت

l'heure

la semaine

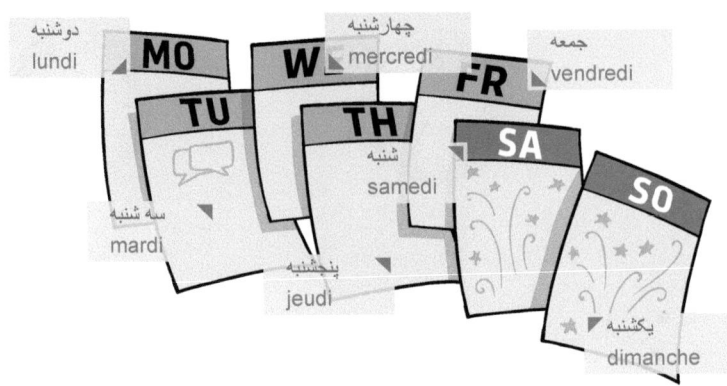

دوشنبه
lundi

چهارشنبه
mercredi

جمعه
vendredi

سه شنبه
mardi

شنبه
samedi

پنجشنبه
jeudi

یکشنبه
dimanche

دیروز
....
hier

امروز
....
aujourd'hui

فردا
....
demain

صبح
....
le matin

ظهر
....
le midi

غروب
....
le soir

روزهای کاری
....
les jours ouvrables

آخر هفته
....
le week-end

l'année

باران
la pluie
رنگین کمان
l'arc-en-ciel
برف
la neige
شمال
le vent
بهار
le printemps
خزان
l'automne
تابستان
l'été
زمستان
l'hiver

4.APRIL 11°
5.APRIL 4°
6.APRIL 13°
7.APRIL 8°
8.APRIL 10°

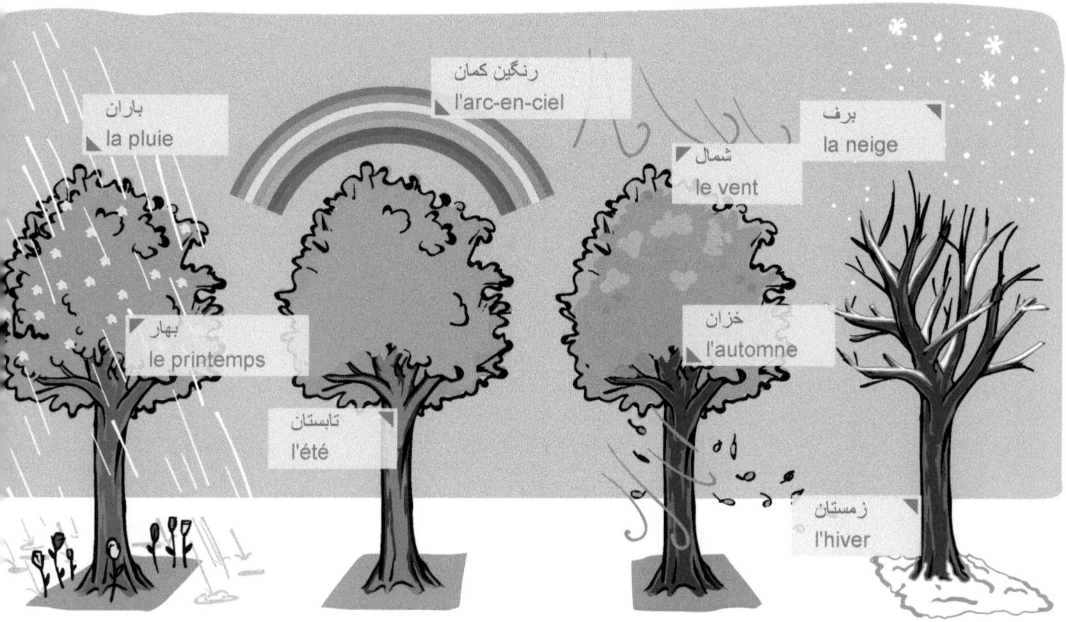

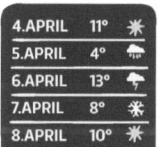

پیش بینی آب و هوا

la météo

F C
120 40
90 30
60 20
30 10
0 0
-30 -10
-20

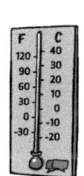

ترمامیتر

le thermomètre

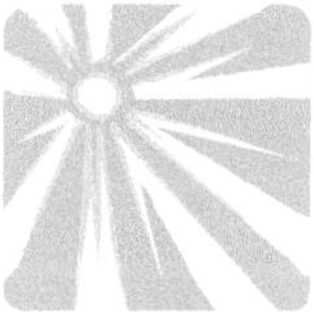

آفتاب

la lumière du soleil

ابر

le nuage

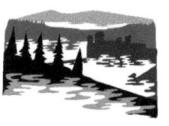

غبار

le brouillard

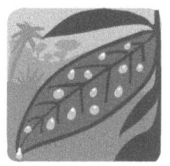

رطوبت

l'humidité

رعد و برق
....
la foudre

الماسک
....
la tonnerre

طوفان
....
la tempête

ژاله
....
la grêle

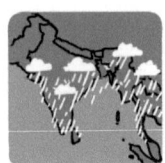

موسم بارندگی
....
la mousson

سیل
....
l'inondation

یخ
....
la glace

جنوری
....
janvier

فبروری
....
février

مارچ
....
mars

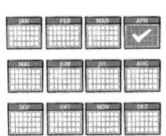

اپریل
....
avril

می
....
mai

جون
....
juin

جولای
....
juillet

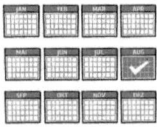

اگست
....
août

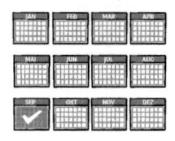

سپتمبر
....
septembre

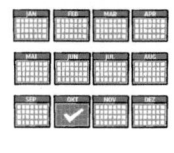

اکتوبر
....
octobre

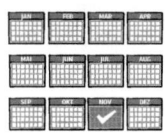

نومبر
....
novembre

دسمبر
....
décembre

شکل ها

les formes

دايره
....
le cercle

مربع
....
le carré

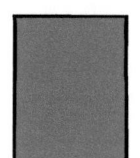

مستطيل
....
le rectangle

مثلث
....
le triangle

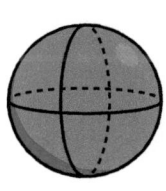

كره
....
la sphère

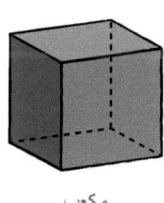

مكعب
....
le cube

les couleurs

سفید

blanc

زرد

jaune

نارنجی

orange

گلابی

rose

سرخ

rouge

بنفش

violet

آبی

bleu

سبز

vert

نصواری/قهوه یی

marron

خاکستری

gris

سیاه

noir

زیاد / کم

beaucoup / peu

عصبانی / آرام

fâché / calme

مقبول / بدرنگ

joli / laid

آغاز / پایان

le début / la fin

بزرگ / کوچک

grand / petit

روشن / تیره

clair / obscure

برادر / خواهر

frère / soeur

پاک / کثیف

propre / sale

کامل / ناقص

complet / incomplet

روز / شب

le jour / la nuit

مرده / زنده

mort / vivant

عریض / باریک

large / étroit

خوراکی / غیر خوراکی

comestible / incomestible

عصبانی / دوستانه

méchant / gentil

هیجان زده / کسل

excité / ennuyé

چاق / لاغر

gros / mince

اول / آخر

le premier / le dernier

دوست / دشمن

l'ami / l'ennemi

پر / خالی

plein / vide

سخت / نرم

dur / souple

سنگین / سبک

lourd / léger

گرسنگی / تشنگی

faim / soif

بیمار / سالم

malade / sain

غیر قانونی / قانونی

illégal / légal

باهوش / احمق

intelligent / stupide

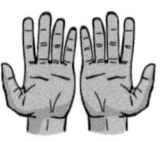

چپ / راست

gauche / droite

نزدیک / دور

proche / loin

نو / کهنه
....
nouveau / usé

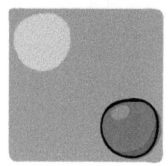

هیچ چیز / چیزی
....
rien / quelque chose

پیر / جوان
....
vieux / jeune

روشن / خاموش
....
marche / arrêt

باز / بسته
....
ouvert / fermé

بی صدا / پر سر و صدا
....
faible / fort

ثروتمند / فقیر
....
riche / pauvre

صحیح / غلط
....
correct / incorrect

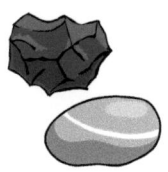

ناهموار / هموار
....
rugueux / lisse

غمگین / خوشحال
....
triste / heureux

کوتاه / بلند
....
court / long

آهسته / سریع
....
lent / rapide

تر / خشک
....
mouillé / sec

گرم / سرد
....
chaud / froid

جنگ / صلح
....
la guerre / la paix

les nombres

0

صفر
....
zéro

1

یک
....
un / une

2

دو
....
deux

3

سه
....
trois

4

چهار
....
quatre

5

پنج
....
cinq

6

شش
....
six

7

هفت
....
sept

8

هشت
....
huit

9

نه
....
neuf

10

ده
....
dix

11

یازده
....
onze

12

دوازده
....
douze

13

سیزده
....
treize

14

چهارده
....
quatorze

15

پانزده
....
quinze

16

شانزده
....
seize

17

هفده
....
dix-sept

18

هجده
....
dix-huit

19

نوزده
....
dix-neuf

20

بیست
....
vingt

100

صد
....
cent

1.000

هزار
....
mille

1.000.000

میلیون
....
le million

les langues

انگلیسی
....
l'anglais

انگلیسی امریکایی
....
l'anglais américain

چینی ماندارین
....
le chinois mandarin

هندی
....
le hindi

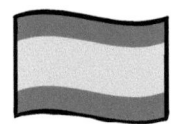

اسپانیایی
....
l'espagnol

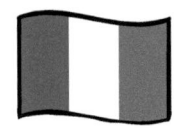

فرانسوی
....
le français

عربی
....
l'arabe

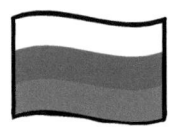

روسی
....
le russe

پرتغالی
....
le portugais

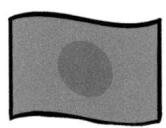

بنگالی
....
le bengali

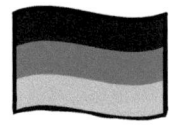

آلمانی
....
l'allemand

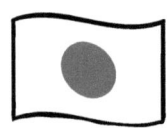

جاپانی
....
le japonais

من

je

شما

tu

او / او / آن

il / elle / ce, c', cela

ما

nous

شما

vous

آن ها

ils / elles

کی؟

Qui ?

چی؟

Quoi ?

چطور؟

Comment ?

کجا؟

Où ?

چه وقت؟

Quand ?

اسم

le nom

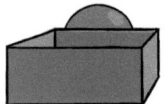

عقب
....
derrière

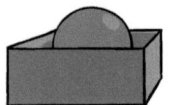

در
....
dans

پیش روی
....
devant

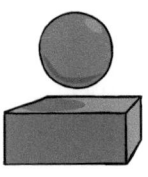

بالا
....
au-dessus

روی
....
sur

زیر
....
en-dessous

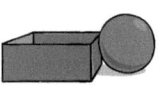

پهلو
....
à côté de

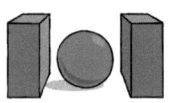

میان
....
entre

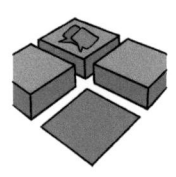

محل
....
le lieu